演讲与口才

沈可◎编著

国家一级出版社 中国纺织出版社 全国百佳图书出版单位

内 容 提 要

美国久负盛名的演讲家戴尔·卡耐基说："演讲绝不是上帝给予少数人的特别才能。"这个世界上并没有什么天生的演说家，如果有的话，那也是通过不断学习而来的。

本书通过详细阐述演讲的关键要素，如开场白、演讲稿、结束语、故事、修辞手法以及常见场合的演讲技巧等，以贴近生活的案例，根据演讲实际要求，总结归纳出一些实操性较强的演讲技巧，供您借鉴及参考。

图书在版编目（CIP）数据

演讲与口才／沈可编著.--北京：中国纺织出版社，2019.4

ISBN 978-7-5180-5976-8

Ⅰ.①演… Ⅱ.①沈… Ⅲ.①演讲②口才学 Ⅳ.①H019

中国版本图书馆CIP数据核字（2019）第035029号

责任编辑：闫 星　　特约编辑：李 杨
责任校对：江思飞　　责任印制：储志伟

中国纺织出版社出版发行

地址：北京市朝阳区百子湾东里A407号楼　邮政编码：100124

销售电话：010—67004422　传真：010—87155801

http：//www.c-textilep.com

E-mail：faxing@c-textilep.com

中国纺织出版社天猫旗舰店

官方微博http：//weibo.com/2119887771

三河市延风印装有限公司印刷　各地新华书店经销

2019年4月第1版第1次印刷

开本：880×1230　1/32　印张：6.5

字数：178千字　定价：39.80元

前言

　　演讲，就是借助有声语言和态势语言的艺术手段，面对听众的讲话，其呈现形式是"一人讲，众人听，众人看"。许多人认为，演讲是领导者、管理者的专利，跟普通人没什么关系。其实，演讲是无处不在的：公司大会汇报工作是演讲，跟许多客户介绍产品是演讲，一大拨朋友聚会做自我介绍也是演讲……无论是生活中还是工作中，随时都有需要演讲的情境和场合。随着社会的发展，越来越多的人已经意识到演讲的重要性，意识到具有优秀的演讲口才是适应社会发展的重要本领，也是赢得事业成功的重要基础。

　　演讲堪称一门艺术，更是一门综合性很强的社会实践活动。生活中，一个人敢说话、会说话，还不等于有演讲口才，演讲口才不是那么容易练就的，但也绝不像有的人所想的那样可望而不可及。演讲口才包括很多方面的技巧，如声音的字正腔圆，肢体语言、面部表情恰当合适，仪表礼节落落大方，控场、应变的技巧，即兴说话的技巧，论辩的艺术、对话的妙法，等等，这些都需要进行系统的学习，达到熟练运用的程度。

演讲是一种实操性较强的活动，看起来是在讲话，实际上是在自我推销。因为在演讲过程中，演讲者除了展示口才，更多地展示了气质、思想、个性等人格魅力。只有各方面配合得当，演讲者才能说服听众、感染听众，从而促使听众从内心里接受自己的观点。

当然，谁都不是天生的演讲高手。演讲口才必须靠"练"。纵观古今中外著名演讲家的成功之路，不难发现，那些闻名于世的杰出演讲高手都不是天生的优秀，而是长时间不懈的艰苦锻炼而成的。在生活中，要多看、多听、多问、多记、多想、多学、多练，把一些演讲口才的心得体会，自己对演讲口才的认识、感受写下来，同时把自己生活、工作所见所闻都记下来，用作演讲时的素材。平时生活或工作中若有需要演讲的场合，要抓紧机会练习，战胜内心的恐惧，大胆开口，反复训练，慢慢地便可以成为演讲高手。

编著者

2018年6月

目录

第01章　人生处处需要演讲，人人都该会演讲

演讲，无处不在 ································ 002

所有当众讲话都是演讲 ···················· 004

注重平日积累，才能言之有物 ············ 008

调查是演讲必须做的准备工作 ············ 010

修炼感知，让演讲更有感染力 ············ 013

第02章　什么是演讲？你需要知道这些演讲要素

如何做一场优秀的演讲 ···················· 018

遣词造句，提高语言表达能力 ············ 019

掌握多种形式的演讲 ······················· 021

选择合适的演讲材料，并有效利用 ······· 024

先构思演讲的内容和环节 ·················· 027

撰写一篇精彩的演讲稿 ···················· 030

第03章　完美的演讲，需要好口才和高超的表达能力

凡事预则立，绘制演讲规划图 ············ 034

语言深入,使所讲道理"浅出" ················· 035

融入趣闻逸事,调动听众情绪 ················· 038

演讲要注重内容而不是形式················· 041

迂回曲折,戏剧性语言表达················· 045

第04章 积累演讲材料,让你的演说言之有物

博闻多识,丰富自己的演说语言················· 050

多储备"粮草",才能口吐莲花················· 052

演讲时多穿插有趣的小故事················· 053

从电视节目挖掘有用的素材················· 054

精心组织材料,为写稿奠定基础················· 056

第05章 说好开场白,一开口就要调动观众的兴趣

设计好的开场白,抓住听众注意力················· 062

制造悬念,激发兴趣的开场白················· 064

风趣开场,一开口就抓住听众心················· 066

以事实为开场进行演讲················· 068

匠心独运,以故事开场················· 069

演讲开场白的一些禁忌················· 070

第06章　恰到好处的结尾，让听众回味无穷

好的结束语，为演讲锦上添花 …………… 074

把握时间，让结束语恰到好处 …………… 077

前后呼应，彰显演讲主题 ………………… 080

提出问题，令听众深入思考 ……………… 082

幽默式结尾，让演讲在笑声中结束 ……… 085

号召式结尾，令听众大受鼓舞 …………… 086

第07章　贵在真挚，演讲中打动听众的技巧

保持激情状态，展开热烈的演讲 ………… 090

与听众互动，营造积极的氛围 …………… 092

分享自己的经历，增强说服力 …………… 094

如何抓住听众的注意力 …………………… 097

把情感融入演讲中，才能打动听众 ……… 101

想听众所想，说听众所说 ………………… 106

第08章　巧用修辞，让你的演讲更有吸引力

运用排比加强语势，强调演讲内容 ……… 110

比喻修辞，让语言表达更绚丽 …………… 113

适度的夸张，形成强烈的对比效果 ……… 116

对照和对偶，让语言妙趣横生 ·············· 119

妙用设问，让听众理解演讲意图 ·············· 121

一语双关，给听众留下深刻印象 ·············· 124

第09章　细节修饰，让你的演讲更有表现力

语音训练，让你演讲"底气十足" ·············· 126

朗朗上口，让演讲极富音乐感 ·············· 129

成功的演讲离不开"情" ·············· 131

昂首挺胸，展现强大气场 ·············· 134

注重眼神交流，观察听众反应 ·············· 137

注意轻重缓急，让演讲错落有致 ·············· 139

第10章　大胆开口，当众演讲要有勇气和信心

克服恐惧，大胆表达内心所想 ·············· 144

自我暗示，增强自信心 ·············· 147

做好演讲准备，敢于挑战自我 ·············· 150

掌握一些放松自我的技巧 ·············· 153

以一颗平常心看待演讲 ·············· 156

好的形象，让你信心倍增 ·············· 160

第11章　危机处理，演讲中的意外情况这样应对

绵里藏针，巧妙应对他人的挑衅 ················ 166

顺水推舟，巧妙驳回听众的反对意见 ·········· 169

灵巧应对，成功摆脱口误的窘境 ················ 171

借事发挥，轻松缓解尴尬 ····························· 173

采取方法，扭转冷场局面 ····························· 175

镇定应对演讲忘词的窘境 ····························· 177

第12章　解析公共场合演讲技巧

如何讲好开幕词 ··· 182

掌握获奖致辞的要领 ··································· 183

出席酒会时如何致辞 ··································· 184

如何做好竞聘演讲 ······································· 186

如何做好就职演讲 ······································· 189

如何做好工作汇报 ······································· 193

参考文献 / 197

第01章

人生处处需要演讲，人人都该会演讲

你所认为的演讲是什么，是在舞台上侃侃而谈吗？其实，广义地说，一切对众沟通都可以称为演讲。生活中我们与人沟通是需要演讲技巧的，如肢体语言、思维逻辑、语言表达技巧等，可以说，演讲就是当众表达的能力。

演讲，无处不在

许多人可能都不知道这样一个秘密：当众说话可以成为幸福生命的密钥。说话怎么可能为我们的生活带来幸福呢？在现实生活中，许多人是人前话很少，人后却喋喋不休，他们对着天花板抱怨、对着窗户咒骂，抑制不住内心所受的委屈和伤痛，人们通常把这样的心情叫作"憋屈"。因为在大庭广众之下不敢说、不愿说，结果，自己受到的不公平待遇只能"哑巴吃黄连——有苦说不出"。这些不敢当众说话的人，往往也是生活中总感觉自己不幸的那一类人。

美国医药学会前会长大卫·奥门博士曾说过："尽量培养出一种能力，使别人能够了解你的思想和感觉。学习在个人面前、团体面前、大众面前清晰地表达自己的思想和观念。在你通过不断努力而获得进步的时候，你便会发现：你——真正的你，正在人们心目中塑造一种前所未有的印象，产生前所未有的冲击。从这份处方中，你还会得到另外的好处。"

当众说话，对人的情绪有一定影响，心中想什么，就应

该大胆地说出来，如此才不会造成内心的压抑和憋屈。话说完了，心中的怨气也没有了，如此一来，你还会感觉自己是不幸的吗？因此，我们可以说：幸福生命的密钥就是当众说话。

卡耐基先生说："当众讲话是培养一个人自信和勇气的最佳方式。"当一个人克服了在一群人面前说话的恐惧之后，也会克服对自己、对别人以及对生活本身的恐惧。

"学会公开讲话，会增强你的自信心，你整个人的性格会越来越温和，越来越美好。这将意味着你的情绪已渐入佳境。"这是大卫　奥门博士曾经开过的一个药方，当时，他还说了这样一句话："在药房里抓不到，每个人得自己配，你要认为自己不行，那就错了。"假如你觉得你的生命遭遇了不幸，或是升职无望，或是求职失败，或是向异性表白遭遇了拒绝，等等，我相信，大卫·奥门博士所开出的药方——当众说话，是十分适合你的。如果你能够真正地学会当众说话，那么，你会发现，幸福的生活正在向你挥手呢。

1.增强自信

大多数都有这样的体会：你站在许多人面前说话，说得听众频频点头，大家都向你投来赞许的目光，还有人在本子上记要点，在说话结束时听众对你抱以热烈的掌声，在散场时有人让你签名，有人找你请教问题。此时，你会对自己产生新的价值认定，心中的自卑感会一扫而光，自信心爆棚。

2.有话大声讲出来

对于那些总是憋屈地生活着的人来说，当众说话将会为你减少内心郁积的怨气。有一种心理治疗法叫作空椅子技术疗法，即面对面摆两张椅子，来访者坐在其中一张椅子上，想象对面椅上坐着自己要进行对话的人。表达后交换角色，坐到对面的椅上和"刚刚的自己"对话，此法就是告诉我们缓解压力的根本办法就是接纳自己、大胆表达自己的意见。对于自己所受的委屈以及压力，我们应该真实地通过当众说话反映出来，如此，你才能感受到生活并非你想象般不堪，你也很幸运。

在生活中，许多人之所以会感觉到自己是不幸的，皆因内心自卑、缺乏勇气。综合起来，就是不敢或不愿意当众说话，因此，才会把自己推至不幸的境地。当众说话可以为我们的生活带来很多新的改变，不管是情绪上的改变，还是心理的改变，都是很有必要的。

所有当众讲话都是演讲

英国前首相丘吉尔曾说过一句经典的话："你能对着多少人当众讲话，你的事业就会有多大。"事实确实是这样的，在职场中，有许多场合都需要当众讲话，如求职面试、竞聘职

位、总结报告、发表意见、主持活动、会议发言、接受采访等。毋庸置疑，当众讲话是一个人在职场中必备的基本技能，也是管理者进行管理的必要工具。在很多时候，当众讲话将为你赢得事业成功。

在事业发展的路途中，我们所需要经历的过程大多是这样：最开始只听上司讲话，后来你开始对一两个下属说话，逐渐地，听你讲话的对象越来越多，最后，你成为公司老板，你经常会对全体员工讲话。

那些工作中言语不多的人，即便具备卓越的工作能力，但他们的事业已经局限在他所坐的位置上了。在工作中，遇到与同事意见发生分歧的时候，需要大胆讲出来，因为你讲出来，或许同事会同意你的观点，但你不讲，分歧会一直存在；在想到了很好的提议的时候，哪怕会议室里人山人海，你也需要大胆地讲出来，证明自己的能力；在面对消费者的时候，更需要将当众讲话的能力发挥得淋漓尽致。事业成功的人，如果说他们与别人不一样的地方，我想其中应该有这样一点：敢于当众讲话。

马先生在上个星期晋升为总经理。马先生的工作能力是大家有目共睹的，但是，他身上最大的一个缺点就是：惧怕当众讲话。这个毛病在他上学时就有了，那时他不敢在课堂上做报告，每当学校有口试他就会两腿瘫软。在他结婚的那一天，他庆幸得了重感冒，嗓子不能发出声音，才躲过了那天的当众讲话。

现在，马先生正愁眉苦脸地坐在办公室，很快自己就会在公司评议大会上做报告了，这是自己担任新职位以来第一次公开讲话，公司高层领导对此极其重视，希望他能通过这次讲话奠定好自己未来的事业基础。但是，马先生自接到这一任务以来就再也没有睡过一天安稳觉，他甚至冒出了一个荒唐的念头：想请病假来逃过那难熬的两个小时。

当然，这个荒谬的念头并没有实现，马先生还是硬着头皮来到了会场。虽然，之前默念了无数遍演讲稿，但真正到了高高的讲台，马先生突然得了健忘症，他一边不断地抹着额头上沁出的汗水，一边吞吞吐吐地讲道："今天……谢谢大家……我需要说的是……"整个演讲稿，马先生结巴了无数次才勉强讲完，当然，也严重超时。

会议结束之后，上级领导对马先生说："现在将手上的全部工作放一放，你去上口才培训班，希望你能有所收获，等到下次会议的时候，我希望你的演讲能力有一个大的提升，如果你还是不能做好，那么，我想有必要考虑你是否合适这个职位。"

对与马先生类似的表现，法国心理学家克里斯多夫·安德烈说道："如此的行为很普遍，害怕丢脸、害怕当众讲话，就

好像他们害怕蛇虫一样。有一半以上的人害怕这种当众讲话的场合，而有大概三分之一的人放弃过当众讲话的机会。"就好像马先生一样，虽然他拥有优秀的工作能力，但是，成为了一名管理者以及领导者，他所需要的就是当众讲话的口才。如若不然，他的事业将又会重新回到原地。

1.讲话也是一种能力

讲话本身就是一种能力，一些站在路边小摊上吆喝的老板一个月就能收入好几千，这是为什么呢？这就好像有的人依靠技能挣钱，有人依靠下苦力挣钱，而小摊的老板则是靠一张嘴吃饭。各行业最优秀的推销员，无不是当众说话的卓越者。因此，在学习当众说话的时候，我们不仅需要把它当成事业成功的砝码，更需要将它当成一种特殊的能力。

2.讲话可为事业发展获取更多的机会

可能，你一直在车间里埋头苦干，只是众多普通员工中的一员。但是，假如你擅长当众讲话，那么你去销售部也是非常适合的，甚至，以后成功一名优秀的管理者也是可能的。敢于当众讲话，无疑为我们的事业发展增加了更多的机会。

当众讲话的能力是需要逐步培养的。也许，你最开始只敢在某些小场合讲话，后来你能对全国人民讲话，甚至对全世界人民讲话。当然，在这个过程中，你在逐渐成就自我。你可以当着多少人讲话，你的事业就会有多大，此话不无道理。

注重平日积累，才能言之有物

十年培养一个富翁，百年才能够培养出来一个贵族。此俗话意在告诉我们积累的重要性。要想成为一个说话的高手，并不能一蹴而就，它需要个人长期不懈的努力才能够达成。要想在交际场合游刃有余、应付自如地讲话，就应该从平常的一点一滴的积累做起。

好的演讲口才是建立在深厚的学识基础之上的，如果失去了这个根本，那么，要想达到口吐莲花的水平恐怕就是缘木求鱼了。准确的表达、幽默机智的应答和缜密的逻辑思维都离不开头脑中广博的知识。换句话说，任何的字字珠玑、妙语如珠只不过是表面性的技巧而已，而个人的内涵才是最重要的。如果我们只停留在表面技巧的追求上，未免就显得舍本逐末了。

演讲者积累知识储备，需要从以下方面努力。

1.关注生活，加强生活积累

缺乏生活积累和阅历的人，对社会和现实的了解也会十分浅显。如果生活在封闭的圈子当中，就会孤陋寡闻，与世界隔绝，也会和周围的人以及环境失去联系。一个没有生活积累的人和别人说话的时候往往会因为所谈话题与社会现实脱节而让人感到枯燥无味，失去谈话的兴趣。

2.多阅读，增加知识含量

从很大程度上来讲，口才是满腹经纶、博古通今等词的另一种称谓。拥有了丰富的知识，在和别人的谈话中就不会因为无知而自卑，谈吐间就会很自然地引经据典、旁征博引，所表达的内容也会十分高雅。假如胸无点墨，在陌生人面前也好，老朋友面前也罢，只有闷头静听的分，那么就会让自己的分量显得很轻，也就无法得到别人的关注。因此，在日常生活中，要多注意阅读，注重知识的积累，看一些历史、哲学、文学、政治、美学之类的书，提高个人修养，让自己达到"腹有诗书气自华"的境界。当你有了充足的知识储备，就会有充分的底气站在别人面前进行较高层次的谈论了。

3.关注最新前沿消息，紧跟时尚潮流

一个不懂时尚的人在和别人的交谈过程中，他所说出的内容会因为缺乏时尚元素而显得乏味，他所受到的欢迎程度也必将大大降低。我们要想成为不被别人冷落的人就要紧跟时尚，如了解近段时间所流行的服装款式、电影类型、前沿杂志、热门话题等。这样就能够走在时代的最前沿，不至于被社会大潮抛在后面。紧跟时尚的生活方式和精神状态，不仅仅能够让你享受到一个特定时期的文化气息，更能让你在交际场合中不至于处在边缘的位置，同时，为你有一个良好的交际圈子打下坚实的基础。

4.关心政治，了解时事

我们处在一个与世界交流越来越频繁的时代，报刊、电视、互联网传递着世界各地的政治事件和时事新闻。如果连续几天不上网不看报、看电视，就会有一种被世界抛弃了的感觉。当别人谈及时事时，你只能在一边竖起耳朵稀里糊涂地听着。在和别人说话的时候，你自己所说的内容就会显得空洞乏味，那么，你也必将会被贴上空洞乏味的标签。政治、时事和我们息息相关，如果一个人紧闭房门，两耳不闻窗外事的话，就会显得既缺少知识又没有趣味，会遭到别人下意识的排斥和嘲笑。

任何一个演讲者，在演讲中，不仅要"能说话"，还要"会说话"，因为口才是恰当的语言与熟练的应用技巧的结合，而要做到"会说话"，就一定要注意平日的积累。

调查是演讲必须做的准备工作

生活中，人们常说："没有调查就没有发言权。"我们都知道，演讲是语言的艺术，但这并不等于演讲就是信口开河。事实上，我们要达到的演讲目的是让听众信服，而要让听众信服，我们就要在演讲前做好准备工作，使我们的演讲言之有物。另外，在确定了演讲的主题后，如果你能在主题的指导

下，做一些有针对性的调查工作，不仅能帮助你找到演讲时所要用的演讲材料、更好地撰写演讲稿，最重要的是，你还能了解讲话的场景、听众、背景等方面的信息，这有助于选择适宜的讲话方式，提升讲话效果。

在钱钟书先生的小说《围城》中，主人公方鸿渐留洋回国后，家乡的一所学校请他去给学生做演讲。这位方先生实际上肚中并没多少墨水，只是挂个留学生的虚名而已，但却因为面子问题而不好推辞。

演讲前一天晚上，他准备查找一些资料的，但却在看书时睡着了。第二天演讲时，他只好大谈自己熟悉的有关鸦片与妓女的话题，弄得在场的人都很尴尬，他自己也因此而臭名远扬。

方鸿渐为什么出尽了洋相？很明显是准备不充分，不但没有做好充分的调查工作，甚至连基本的主题都没有确定，临时发挥时只好胡说一气。

我们再来看下面一个领导者的管理经验。

刘洋是一名海归，在一家网络公司担任财务总监，在他上任半年后，上司让他代表中层管理者做一次演讲。

该怎样确定演讲主题呢？想来想去，他决定谈自己的老本行。于是，他决定对公司的账目进行一次大审查。刘洋调查发现，这一年来，公司居然根本没有盈利。到底是哪里出了问题？

他询问财务人员才知道，公司在网站维护上的成本投入太多。而造成这一问题的原因又在于公司这方面人员臃肿，人浮于事，很多工作，一个员工就可以解决，但却安置了太多人员。

刘洋在公司的演讲大会上，指出公司存在的问题，还提出了一些细致的解决方案，如公司员工的奖金制度应该加以调整并细化；员工的考勤制度也应该明确化……

公司的高层领导对刘洋的演讲很满意，并采取了他的方案，在经过一系列的调整后，第二年的第一个月，这家公司就出现了盈利。

与方鸿渐的做法不同，财务总监刘洋为这次演讲进行了全方位的调查，找到了公司的财务问题，并在演讲中提出了具体的措施，自然会赢得领导的认同。

听众都有自己的想法，都有自己的判断能力，如果你希望听众能接受你的想法和观点，最好出示有力的证明、有说服力的调查数据等，也就是说，调查是演讲必须做并且要做好的准备工作。

具体来说，你需要做到以下几点。

1.根据演讲主题收集相关资料

一个观点，你要想说清楚、透彻，一件事情，要想说得可信，你就必须对有关事实进行调查研究，掌握充分的事实材料。这些事实材料，不但使得你的讲话内容有保证，还能增强你在说话时候的底气，而如果你不准备材料，或者缺少材料，

那么，演讲时你只能勉强说，甚至根本不知从何说起，这样，你自己说得痛苦，听众也听得无趣。

许多演讲大师都是极善于调查研究的，都是经过很长时间深入基层、深入群众调查后才发表演讲的。

2.场景与听众情况调查

不同的听众，他们的文化背景、品位、修养都是不同的，感兴趣的话题也会不同，因此，在你演讲前，最好先收集一些关于听众的资料，以确定自己的演讲主题和说话风格以及所需要的材料。

总之，演讲中，你的观点是否可信，在于你的证据是否可信，你的论证是否符合逻辑。这需要你列举出一些有说服力的证据，通过论证的方式，将各种方案的优劣、长短逐一比较分析，而这都需要你做好调查工作。

修炼感知，让演讲更有感染力

心理学上，人们把这样一种人格特质——神圣的、鼓舞人心的、能预见未来、创造奇迹的天才气质称为"感召力"，亦称"领袖气质"。具有这种气质的人对别人具有吸引力并受到拥护。不得不说，这类人在公共场合发表演说，更易征服人心，要知道，这种影响力不是建立在传统的权威上，而是建立在听众对演讲者非凡才能的感知上。

作为演说者，我们要想获得听众的认可，最好在日常生活中就不断修炼自己的影响力和感召力。

3年前，刘刚还是一名普通的技术主管，整天在生产一线奔波着，而现在，他已经晋升为一名工程部经理了，这让很多和他同时入职的同事羡慕不已。那么，到底是什么让刘刚晋升如此之快，又能得到同事的青睐呢？

那次，公司的一个大客户因为产品的一点小瑕疵而提出毁约要求，很明显，这一要求是无理的，因为这一瑕疵完全不会影响到产品的使用。面对这种情况，销售部门的领导手足无措，便把事情推给了技术部门，技术部门的领导也完全不知道如何处理这件事，只能任凭客户发脾气。这时，刘刚恰巧要向领导汇报工作，站在门外的他实在对客户的"嚣张跋扈"忍无可忍了，便推开门进去，对客户说："我从没有见到像您这样的客户，您要知道，我们技术人员也是人，在研发产品的时候，我们虽然已经尽力做到将误差减到最小，但不能保证一点误差都没有，事实上，这点小瑕疵，根本不影响产品的使用，这点您必须承认。再说，我们答应为您延长半年的售后时间了。还有，您再也找不到比我们价格更优惠的产品了，不是吗？"刘刚几句话一说，客户哑口无言，丢下一句："你不要

忘了，我才是客户！"便离开了。大家原以为，接下来等待他
们的是公司的训斥。但没想到，第二天，这位客户居然取消了
毁约的要求。

　　此时，大家都感到莫名其妙，刘刚解释道："事实上，我
们都清楚，这位客户完全是无理取闹，但他也是有目的的，那
就是价格问题，他可能是道听途说，以为有更便宜的价格，于
是，他希望我们降价，而我调查过，我们公司新研发的这个产
品，是同类产品价格最低、误差最小的。那天，他丢下那句话
便走了，我猜，他回去肯定也了解过，经过利益权衡后，他自
然会接受我们的产品……"

　　听完刘刚的话，同事们包括领导都向他投来赞许的目光，
自此，刘刚成为同事和领导关注的对象，他在公司也逐渐树立
了威信。

　　技术人员刘刚为什么能得到上级和下属的认可？皆缘于这
次特殊的机缘，在众人手足无措的情况下，他大胆地站出来，
采取了众人不敢一试的方法，正是这种非常规方法，让众人对
其刮目相看。

　　美国心理学家昂格和康南的魅力型领袖理论把魅力视为
一种归因现象。魅力型领导者往往具有远见卓识，自我牺牲性
强，有高度的个人冒险倾向，能使用非常规策略，有准确的情
境估计能力，自信心强，善于使用个人物质权力等。

"其身正，不令而行，其身不正，虽令不从。"一个演说者若要使得自己具备感召力和影响力，需要做到以下几点。

1.严以律己，以行动服人

一个受人敬重的人能做到严以律己、身体力行、为人表率，用自己的实际行动来影响和带动身边的人。

2.表里如一，为人正直

一个令人信服的人必须做到表里如一，为人处世正直、公正，不搞暗箱操作；也不会当面"抹蜜饯"，背后"捅刀子"。

3.善于学习，谦虚谨慎

一个优秀的演说者一般都是善于学习的，他们不会满足于现有知识和技能，为了充实自己的管理资本，他们往往谦虚谨慎，乐于向自己的上司、同事和下属等学习。

4.甘于忍让，对人宽容

令人信服的人在为人处世上，往往更懂得将心比心，他们心胸宽广，总是考虑到他人的难处。

具有这种特征的演说者往往易于建立良好的人际关系，并能在需要时，得到别人最真诚的支持和帮助。

一个具有感召力和影响力的演说者，是听众信服和认同的对象，他能鼓舞士气，是听众效仿的对象。而感召力和影响力的获得，需要我们在日常生活中不断修炼和积累。

第 02 章

什么是演讲？你需要知道这些演讲要素

你了解真正的演讲吗？演讲，指的是在公众场合，以有声语言为主要手段，以体态语言为辅助手段，针对某个具体问题，鲜明、完整地发表自己的见解和主张，阐明事理或抒发情感，进行宣传鼓动的一种语言交际活动。

如何做一场优秀的演讲

不知你是否发现，那些在电视、公司例会和学会报告会上侃侃而谈、落落大方的人比那些一说话就战战兢兢的人更容易成功，实际上，那些财富榜上的CEO（首席执行官）和成功人士无一不是优秀的演讲大师！对此，你是否感到羡慕呢？你是否也希望成为一名能侃侃而谈的优秀演说者？对此，我们应首先了解什么是演讲。

在我们现实的生活中，大到国家领袖，小到办公室职员，都离不开劝服和鼓舞他人，也就需要在公共场合说话，这就是演讲。

那么，我们做演讲时需要注意哪些呢？

（1）演讲要有鼓动性和号召性。

（2）要充分考虑到听众的文化层次、修养、品位、兴趣等，以此来确立选题，选择表达方式，以便更好地沟通。

（3）在演讲中对声调的高低、语速的快慢、体态语的运用进行设计并加以注释，以达到最佳的演讲效果。

（4）要考虑演讲的时间、空间、现场氛围等因素，以强化演讲的现场效果。

一场出色的演讲，必定要考虑很多方面的因素，只有这样，才能做到胸有成竹，出色地完成演讲。

遣词造句，提高语言表达能力

我们都知道，语言是交流的重要工具，语言表达是一个人能力的重要体现，也是一个人应具备的重要素质。演讲也以语言为主要手段。不得不说，相对于通俗的沟通和谈话来说，演讲的难度大得多，其中一个重要的方面就是遣词造句。演讲需要我们有更高的语言表达能力，做到用词准确、一针见血，而不是在那泛泛而谈却说不出个所以然来。

我们对于演讲是有一定的语言要求的，因为演讲的目的是向听众传达思想、表达观点，如果我们演讲时语言表达不够清楚，那所造成的结果是你在那里讲了大半天，但听众却未必能明白其中的真意。如此，我们演讲不就等于白讲了。

因此，我们在演讲的时候，一定要句句达意，针对某个问题，把其中的利害关系说清楚，把怎么办说清楚，并且使下面的人听了能完全意会，切忌在半空中论过去、议过来，主题散乱而不清晰。表达是否清晰将在很大程度上体现一个人的口才水平，而且，还能够直接体现我们的思想理论功底、政策水平、逻辑思维能力。卓越的演讲者都能够清晰地表达自己的思想及观点，他们往往能透过现象看本质，一针见血地指出问题所在，然后清楚地指出解决问题的办法。

其实，我们演讲是否达到了预期的目标，就看它是否被听众，所理解、所接受。当然，要想听众能够准确理解话中的含义，首要条件是具备良好的语言表达力，即清晰地表达自己的思想及观点。如果我们的语言表述不够清楚，那么，听众就会听得一头雾水，似懂非懂，最后，他们自然不能配合我们采取相应的行动了。

在演讲中，我们要在语言上达到如下要求。

1.语言表达要准确

我们演讲要注意语言运用的准确性，要做到"两通""一短"。两通，一是通俗。演讲往往是靠听者的听觉接受的，所以，要让听者听清楚、听明白，语言就要恰当、通俗易懂。我们不要自以为是地追求一些华丽的辞藻，说一些生僻怪异、晦涩难懂的词语和术语。我们在演讲的时候，引用古语典故也要准确，要注意听众和语言环境，要使人能够理解。二是通顺。我们演讲要语言表达清楚，不要模棱两可，我们说起来朗朗上口，听众听起来也要觉得悦耳动听，千万不要用那些拗口、听

起来别扭的语言。"一短"就是句子要短，我们要在演讲中尽可能用短句子，若句子太长了，就会让人听不清，产生误解。

　2.切合语境

　　演讲中，我们一定要切合语境，就是说我们要根据演讲的客观现场环境，包括时间、地点、目的以及演讲的内容等来开始发表演讲，这样才能更准确地表达自己的想法。有些人不管语境，总是自顾自地说，结果他在台上面说了大半天，台下的听众还是不知道他所表达的意思到底是什么。

　　另外，我们演讲的内容一定要与我们演讲的时间、地点与场合相对应，否则就有可能让下面的人摸不着头脑。

　　总之，我们要提高自己的语言表现力，演讲时句句含真意，表述足够清晰。有效表达的首要条件是知道什么时候说什么话，清晰、准确地反映你的思想、情感、情绪。

掌握多种形式的演讲

　　演讲是一门语言的艺术，它旨在调动听众情绪，并引起听众的共鸣，从而传达出你所要传达的思想、观点、感悟等。我们都知道，演讲能训练一个人的说话能力。而演讲的形式有很多种，掌握多种形式的演讲，更能提高我们的语言表达能力。

演讲的形式大体有如下四种：照读式演讲、背诵式演讲、提纲式演讲，即兴式演讲。

1.照读式演讲

照读式演讲亦称读稿式演讲，即演讲者拿着事先写好的演讲稿，走上讲台，逐字逐句地向听众宣读一遍。其内容经过慎重考虑，语言经过反复推敲，结构经过精心安排，演讲时必须郑重。它比较适合于在重要而严肃的场合运用。如各级党代会、人代会、政协会议等大会报告，纪念重大节日的领导人讲话，外交部的声明等。它的缺点是照本宣科，影响演讲者与听众之间思想感情交流。据说，在英国下议院，昭读式演讲被认为是愚蠢的表现。在我国，一般场合采用这种演讲方式也不受听众欢迎。

2.背诵式演讲

背诵式演讲亦称脱稿演讲，即演讲者事先写好演讲稿，反复照背，背熟后上讲台，脱稿向听众演讲。这种演讲方式比较适合于演讲比赛和初学演讲者，可以在一定程度上检验和培养演讲者的演讲能力。其缺点是不便于演讲者临场发挥，使听众觉得矫揉造作，一旦忘词，就难以继续，往往要当场出丑。据说，英国首相丘吉尔曾有一次因背不出演讲稿而栽倒在讲台上。所以，运用这种演讲方式，必须做好充分准备，语言尽量口语化，表达自然，切忌带表演痕迹。

3.提纲式演讲

　　提纲式演讲亦称提示式演讲，即演讲者只把演讲的主要内容和层次结构，按照提纲形式写出来，借助它进行演讲，而不必一字一句写成演讲词。其特点是能避免照读式演讲和背诵式演讲与听众思想感情缺乏交流的不足。演讲者根据几条原则性的提纲进行演讲，比较灵活，便于临场发挥，真实感强，又具有照读式演讲和背诵式演讲的长处。事先对演讲的内容有充分准备，可以提前收集材料，考虑演讲要点和论证方法，但不要求写出全文，而是提纲挈领地把整个演讲的主要观点、论据、结构层次等用简练的句子排列出来，作为演讲时的提示，靠它开启思路。提纲式演讲是初学演讲者进一步提高演讲水平的行之有效的一种演讲形式。

　　4.即兴式演讲

　　即兴式演讲指演讲者预先没有充分准备而临场生情动意所发表的演讲。它是难度最大、要求最高、效果最佳的演讲形式，可以根据实际情况，针对听众的心理和需要，灵活机动，迅速调动语言的一切积极因素，以悬河之口生动直观地与听众互动，极富感染力。这是其他各种演讲方式都无法比拟的。使用这种演讲形式需要演讲者在德、才、学、识、胆诸方面有很高的修养，具有很强的记忆力、丰富的想象力和联想力、敏捷的思维能力、大量的语言和材料储备……如果不具备这些条件，使用这种演讲方式，往往会出现信口开河、漫无边际、逻辑混乱、漏洞百出的现象，反倒影响了演讲的效果。虽然如此，每个演讲者必须争取掌握这种演讲形式。只要下苦功，肯定是会学到手的。

任何一个演讲者，要想成为一个演讲大师，都要注重对各种演讲形式的练习，只有这样，你才能始终口吐莲花，给听众留下深刻的印象！

选择合适的演讲材料，并有效利用

我们都知道，演讲者所说的任何一句话，都要有依据，这就涉及材料的选择与使用。在我们确定了演讲的主题后，就要对演讲所需要的材料进行大致的划分。注意，不是所有的材料都适合我们演讲，我们要选择合适的材料。那么，在演讲材料的选择和使用上，我们该注意哪些原则呢？

1.材料必须真实可靠

材料必须准确而真实，这样才能有说服力。在演讲过程中，即便你滔滔不绝、口若悬河，但一旦演讲内容被听众怀疑，那么，你的讲话效果都会大打折扣。

要做到材料的真实，你就要做到不但掌握书面材料，还要注重对生活的观察，只有客观存在的材料，才具有普遍的

意义。

另外，你还需要注意的是，整理材料的过程中，把握材料，不能用模糊的词语，让人不敢确定。

2.材料必须紧紧围绕主题

我们应把主题当成材料取舍的重要标准。我们之所以寻找材料，就是希望材料能起到佐证主题的作用。如果偏离主题，那么，你的材料即使再完美，也是毫无意义的。

可见，在选择材料的过程中，只要是能凸显主题的，与主题关系密切或者有关联的，都可以选用，而与主题关系不大，或者无法很好地反映主题的，都应舍弃。

3.材料必须典型生动

所谓典型，就是具备代表性；所谓典型材料，就是那些最具广泛代表性和强大说服力的材料，这样的材料，能以小见大、以少见多，能帮助我们更自信地阐述观点，也能让演讲更精练。因此，选择典型性材料，无论从内容还是形式上而言，都是必要的。材料的生动性则体现在材料新颖、实在、有趣、灵活等特征上。新颖生动的材料，能够充分调动听众的兴趣，引发观众的想象力，并且可以使演讲声情并茂，增加表达的感染力，让观众耳目一新。

4.材料必须有针对性

适合演讲主题的材料并不少，但我们还需要考虑到听众自身的因素，要真正做到因事、因地、因人，这样才能真正起到以情动人、以理服人的效果，激发听众的热情和兴趣。

那么，什么是有针对性的材料呢？

（1）要考虑到演讲的场合和听众的兴趣。

（2）要针对听众的不同文化程度，把材料具体化、形象化。

（3）要选择那些符合听众心理需求的材料。

（4）要选择那些科学性和理论性强的材料，能让听众信服。

（5）要考虑到自身的情况，选择那些自身熟悉的材料，这样才能做到演讲时自信满满。

总结起来，演讲者选择和使用材料，一定要以演讲目的和主题为出发点，并考虑到听众和自身的独特因素，珍惜选择那些有用的、真实的材料，才能出色地完成演讲。

确定演讲主题后，演讲者经过调查与构思，将面临材料取舍与使用的问题。收集和搜索了大量的材料之后，并不是所有的材料都可以派上用场的。因为演讲不是简单地堆砌材料，而是选取那些最能说明问题、最能打动听众的材料来用。

先构思演讲的内容和环节

我们都知道，演讲是一门艺术。任何熟练的演讲者都会做足准备工作，在演讲前，他们一定会在头脑中理清演讲思绪，构思演讲的内容和环节。

顾名思义，对演讲进行构思就是预先对演讲进行总体设计，即对演讲方式、过程、意图等进行架构。我们先来看看下面的故事。

30岁的陈先生最近刚刚获得一份在商场担任楼层主管的工作，上级领导交给他的第一个任务是：做一次就职演说。这对于学历不高、木讷的陈先生来说可是个难题，他花了将近10天的时间，来准备这次演讲。

这一天很快就来了，走上公司的会议大厅，他对所有同事和领导做了如下演讲：

"尊敬的各位领导、各位同仁！

"虽然我到××的时间不长，但在这简短的半个月里，我已深深地感受到××这个大家庭的温暖，看到了××的发展前景。我也坚信我能做好这份工作，感谢公司给了我这样一个实现自我价值的舞台，在未来的日子里，假如大家相信我、信任我，能够给我一次机会，我将在新的岗位上勤勤恳恳工作，认认真真做事，不辜负领导和同志们的希望和重托，将自己的每一份光和热都融化到××的事业中去，做一个合格的××人，脚踏实地地干出一番事业。

"今后，我希望，能用你们的信任和我的努力做支撑，共铸××商场明天的辉煌！谢谢大家！"

这番演说里，表达了一个职场新人对做好未来工作的坚定决心，可谓至真至诚，自然能打动人心，获得同事和领导的支持。

那么，具体来说，我们该如何构思演讲的环节和内容呢？这需要我们从以下二个方面努力。

1.整体内容的构思

要做到构思，首先就要从整体把握内容。这就要我们根据演讲的目的和场景，确定演讲的主题，并搜罗那些能佐证我们观点的材料。在构思的过程中，对材料进行分析与加工，我们要确定哪些材料可以用，哪些不可用，以及哪些在加工后才能用，从而使自己演讲的主题建立在充分证据的基础上。这样不但会让演讲内容更充实，也会让自己在演讲时心境更放松，更有自信。

2.对演讲的结构与过程进行构思

一场好的演讲，必定是气势磅礴的，也就是说，内容好只是其中一方面，还需要有好的形式。我们不难发现，即便同样的演讲内容，被不同的演讲者叙述，也会产生完全不同的效

果，这是为什么呢？

就是因为他们处理演讲结构的方式不同。一场绝妙的演讲包括开场白、中间部分和收尾，人们常常将这三个部分形象地描述为"凤头、猪肚、豹尾"的式样。

在构思这三个部分时，你需要注意的是，对于开场白，你不可操之过急，而应该先将听众的注意力吸引过来，然后再展开内容，这一部分要求语言设计巧妙，有吸引人的强烈效果。中间部分则应该层层递进，不断制造高潮，控制听众的思绪，同时语言要充实、舒展，能将要表达的内容完整准确地表达出来。收尾部分则应该用简洁有力的话语迅速收住，不拖泥带水。

3.关键环节的构思

演讲要引人入胜，还必须巧妙设计一些关键环节。

那么，什么是关键环节呢？要么是对观众兴趣的激扬，要么是对话语内容的强调。幽默、悬念、有哲理性等话语，是能够让观众高兴、为观众提神的话语，这类话语在整个演讲进程中合理布局，可以让观众处于持续的兴奋状态，是激扬兴趣的关键点。需要观众认真去听的某些内容，则可以通过重音，通过敲击声，通过向观众提问来提醒他们注意。

演讲是否经过认真构思，将直接影响演讲的水平与效果。构思详细准确，演讲将更流畅、更充实，否则难免在演讲中出现各种纰漏。

撰写一篇精彩的演讲稿

我们都知道，演讲前的准备工作包括对材料的收集和整理，但一场好的演讲，必须还要有一份准备充分的演讲稿。正所谓有备则无患，毕竟人的记忆力与反应能力都是有局限性的，我们不可能记住所有材料的内容，我们也不可能预测到演讲过程中遇到的问题。而演讲稿的撰写和熟悉能帮助我们尽量减少这些问题的出现。因此，要成为一名演讲高手，你就应先学习撰写演讲稿。

那么，我们如何撰写演讲稿呢?

1.演讲稿要具备口语性

演讲稿与其他书面表达形式的一个重要区别就是口语性，它有更多的即兴发挥，这些是演讲者不可能一一顾及到的。我们在撰写演讲稿时，就必须讲究"上口"和"入耳"。所谓上口，就是讲起来通达流利。所谓入耳，就是听起来非常顺畅，没有什么语言障碍，不会发生曲解。

2.演讲稿要具备鼓动性和号召性

演讲是一门艺术，好的演讲会激发听众的情绪，赢得听众

的好感。要做到这一点，首先要使演讲稿内容丰富、深刻，见解精辟，有独到之处，发人深思，语言表达要形象、生动，富有感染力。

3.撰写演讲稿要将意外情况考虑在内

演讲活动是演讲者与听众面对面的一种交流和沟通。既然是交流和沟通，演讲者就不能对听众的感受和反应置之不理。因此，在撰写演讲稿时，我们要充分考虑到演讲过程中可能遇到的一些意外情况，以及应付各种情况的对策。

总之，演讲稿要具有弹性，要体现出必要的控场技巧。

然而，我们不得不承认的是，整体性演讲稿并不能独立地完成演讲任务，它只是我们演讲要参考的一个文字依据，是演讲的准备工作。撰写演讲稿时，不能将它从整体中剥离出来。

另外，还要考虑演讲的时间、空间、现场氛围等因素，以强化演讲的现场效果。

一次好的演讲，离不开好的演讲稿，演讲者将自己的观点、想法以及可能出现的问题用书面形式记载下来，能帮你做到胸有成竹，更出色地完成演讲。

第 03 章

完美的演讲，需要好口才和高超的表达能力

现代社会，越来越多的人已经意识到演讲的重要性。一场完美的演讲，需要好口才和高超的表达能力。一个演讲者要想口若悬河、滔滔不绝地面对听众演讲，首先就应提高自己的演讲能力。

凡事预则立，绘制演讲规划图

我们都知道，一栋建筑在被建造之前，都必须打地基，否则，会因为根基不稳，随时都有可能顷刻间坍塌。同样，演讲中，我们在目的没有明确、没做足准备的情况下也不要随意开口。

我们要把任何一场演讲都看成是一场有目的的旅程，启程之前必须绘好行程的图表。若随便从某处开始，通常也就会随便终止于某处了。

拿破仑曾经说过的一句话——"战争是门科学，未经计划、思考，休想成功。"

其实，这一道理同样适用于演讲。我们发现，一些人，尤其是那些初学演讲的人不愿进行演讲前的规划，因为规划需要花费时间和精力去准备、思考，也需要我们的意志力，而思考毕竟是一个不怎么快乐的过程。发明大王爱迪生曾把雷诺德爵士的一段名言放到了他工厂的墙壁上。

"成功之道，唯有用心思考，别无捷径。"

　　那么，怎样的规划才是最好和最有效的呢？我们在没有对其进行分析和研究之前是无法给出定论的。它永远是个新问题，是需要每个演讲者进行深层次探索和追寻的问题，我们不能给出规则性的答案，但无论如何，正如建造房屋一样，我们需要从全局把握。

　　我们可以说，无论是何种形式的演讲，其实都是没有多大难度的，我们也完全有时间在演讲前进行高屋建瓴的构思。只要我们能够镇静一点，从容一些，充分地发挥个人的聪明才智，就一定能够取得很好的演讲效果，也能够得到别人的支持和赞扬。

语言深入，使所讲道理"浅出"

　　生活中，不少人出于工作和学习或者是交流经验的需要，都要当众讲话，因此，让听众深刻领会就是我们演说需要达到的重要目的之一。可能有些人认为，越是运用高深的理论知识，越是晦涩难懂的演讲语言，越能体现自己的知识水准和演讲口才，越是能让听众崇拜自己。实际上，这无异于唱独角戏而得不到听众的响应，也失去了我们最初演讲的本意。越是高明的演讲者，越是懂得深入浅出的道理，他们能在轻松愉快的氛围与简洁通俗的语言中把自己的本意传达给听众，达到自己的演讲目的。

当然，在演讲中，要达到深入浅出的程度并不是一蹴而就的，需要我们在生活中逐渐练习，需要我们把那些专业、理论性话语转化成听众能接受的语言。因为每个人的文化层次不一样，能接受的语言水平也是不一样的。作为演讲者，只有做到深入浅出，将你要传达的思想以简洁的语言传达出来，才能真正让听众领会。

那么，我们该如何做到深入浅出地演讲呢？

1.说话的语言要生动形象

举个很简单的例子，形容一个人胖，如果你说"此人很胖，实在很胖"，听众会觉得很空洞。而如果你说，"此人体型宽大，我估计摔倒了都不知从哪头扭"，这样听众就能想象此人胖的程度了。契诃夫在描写胖子的时候，语言更为奇妙："这个胖子胖得脸上的皮肤都不够用了。要张开嘴笑的时候，眼睛就要闭上，而要睁开眼睛看的时候，就得把嘴巴闭上。"

2.在演说语言中注入你的精神力量

2000年前，有一位拉丁诗人曾说："如果你想引出别人的眼泪，必须自己先悲戚起来。"的确，感情是形于内而发于外的东西，如果你自己做不到感情饱满，那么，自然感染不了听

众，反而让人感到虚假、做作。也就是说，要想感染别人，先要使自己进入情绪，进入状态，用心感知。

我们发现，那些成功的演讲家大都是富有活力和精神抖数的人，他们具有超常的爆发力，能用自己的情绪感染他人。已故的美国政治家柏寿安说："通常所谓口才流利，就是说那人说话是从心底里发出来的，里面充满了热忱。一个诚恳的演讲者，不怕缺乏知识；一场能够说服听众的演讲，能够把自己的心与听众的心融合为一，而不是单单把自己的记忆移入对方的记忆。演讲者要欺骗听众比欺骗自己都要难。"

3.日常生活中善思考

人是思考的动物。善思考，才能出观点、出新意。不思考，就会人云亦云，没有真知灼见；就会老生常谈，提不出新思路、新见解。同样，演讲过程中，如果你多加思考，那么，那些深奥的道理，自然就能找到通俗易懂的表达方式。

4."厚积"才能"薄发"

要将晦涩难懂的语言通俗化，不仅需要我们的嘴上功夫，更需要平时的积累。因此，必须注重知识的积累、语言的积累和经验的积累。有深厚的积累和扎实的根底才能做到言之有物、言之有据、言之有理、言之有效。知识浅薄、对任何东西一知半解的人是无论如何也讲不到"点子"上的。

因此，我们在日常工作与生活中，应努力养成独立思考和多积累演讲语言的好习惯。这样，才能富有思想性和创造性，才能在演讲中做到厚积薄发、深入浅出。

可能我们都希望自己在演说的时候能妙语连珠、口若悬河，这也是演讲大师制胜的法宝，是我们讲出魅力的根基。但演说语言的深入浅出，并不与此相违背。事实上，这恰好体现了一个人的口才，因为任何语言艺术的运用，只有在让听者接受的前提下才称得上发挥效用。

融入趣闻逸事，调动听众情绪

相信不少演讲者遇到过这样的场景：当你卖力地向听众传达观点的时候，却造成了冷清的场面，听众似乎并不买你的账。此时，该怎么办？要知道，演讲并不是单一的传输观点，而是沟通，只有带动听众兴致和情绪的演讲才是成功的演讲。此时，如果你能说一些趣闻逸事，是能让演讲气氛迅速融洽起来的。

枯燥的语言只会让听众昏昏欲睡，此时，来一段趣闻逸事，便能满足人们的猎奇心理，激发听众参与演讲的兴趣。

小赵是一个爱开玩笑的女孩，这天午休时间，办公室内死气沉沉，活泼的她便开始拿邻座的李大姐消遣："你说先有鸡

还是先有蛋？"

"对不起，条件不足，无法回答。"李大姐一本正经地回答。

"什么条件不足？"

"因为你没有说明是鸡与鸡蛋相比较，还是鸡与鸟蛋或者鸭蛋相比较。"

"当然是鸡和鸡蛋啦！！"

"条件不足，无法回答。"

"我不是说过是鸡和鸡蛋相比了吗？"

"可是你没有说明是鸡与蛋的概念上的比较还是事物上的比较啊。"

这时，办公室内的其他人因为李大姐和小赵这场荒谬的问答而笑起来了，他们都围过来了，他们想看看这场"口水战"到底谁输谁赢。

"这有什么差别？"

"当然有。所谓的鸡是人们对一种两条腿的、类似鸟的、可以从体内排出一种卵石形物体的动物的称呼，而所谓的蛋，是人对这种动物从体内排出来的卵石形的、可食用的、可以延续这种动物种族的那种东西的称呼。当人类语言形成的时候或者说当人们给它们起名字的时候，它们已经同时存在了，所以说概念上的鸡与鸡蛋同时出现。如果要问鸡与鸡蛋这两种事物出现的先后顺序，那又是另一个问题。"

……

此时，周围的同事已经笑得前俯后仰了。

"你还有完没完！"此时的小赵发现自己已经争辩不过李大姐了。

"当然有，最后一个。"

"什么条件？"

"因为你没有给出回答的范围。"

"这算什么？"

"这是最重要的一个条件。如果从进化论的角度来讲，人们所认识的鸡是从某种鸟类进化而来，而那时鸟与鸟蛋已经同时存在了，所以说鸡与鸡蛋同时出现。或者说先有蛋，后有鸡。如果从宗教角度来讲，所有事物都是上帝创造的，其中包括鸡与鸡蛋、鸟与鸟蛋。所以说鸡和鸡蛋同时出现。如果从政治角度来讲，月亮都可以说成是奶酪捏的，那么鸡与鸡蛋出现的先后顺序就取决于个人的权力大小、个人态度以及周边关系等复杂的政治因素。如果从金钱的角度来讲，当数值高到一定程度时，就算承认鸡蛋是我下的也可以。"

……

此刻，同事们居然鼓起了掌，但不幸的是，部门铃打破短暂的愉快，但这个有趣的午休还印在他们的脑海中。

生活中，可能不少人会羡慕上述故事中李大姐的口才，这里，为什么人们会因为小赵和李大姐开的玩笑而发笑，甚至到最后大家都鼓起掌来？因为她们开的玩笑带来的幽默效应是此起彼伏的，虽然荒诞不羁，但却很有笑点，尤其是李大姐反复不断地解释"条件不足，无法回答"，让周围的人忍俊不禁。

趣闻逸事是有效调动听众情绪的良方。趣闻逸事是人们在生活中津津乐道的闲谈资料，生活中的许多情趣即由此而来。

演讲者抓住人们渴望趣闻的视听倾向，恰当而又适时地讲述一些趣闻逸事，会使混乱或呆板的演讲现场气氛马上活跃起来，听众的注意力也会迅速地集中到演讲内容上。这时演讲者回到原来话题的轨道，其效果就理想得多了。如果是双向交流，话题的变换就是不定的，可根据现场情况随时进行。

实际上，即便是那些趣闻逸事，也不是随便说的，我们要考虑到听众的个体情况，尽量说那些大家都能接受的事，否则只能适得其反，让听众产生厌烦的情绪。

演讲要注重内容而不是形式

生活中，我们常听说"形式主义"这个词，它的含义就是不注重内容而注重形式。事实上，一些人在演讲的过程中，犯的就是这样的错误，他们会事先准备好一份演讲稿，然后背诵下来，在演讲时，也不顾听众的感受，自顾自地背诵完稿子，便认为自己做了一次精彩的演讲，实际上，这类形式主义、走过场的演讲，有什么意义呢？

任何一个成功的演讲者不但注重通过演说来锻炼自己的讲话能力，更注重自己语言的锤炼。如果你演讲乏味，就没有人爱听，空话套话多，号召力就差，这样的演讲不如不讲。"白圭之玷尚可磨也，斯言之玷不可为也。"空话讲多了，听众就会对你的演讲失去兴趣，而你想传达的意见就不能够成功地传达出去。

有些演讲者不注重语言魅力，只注重形式主义。他们的演讲，枯燥无味，让下面的人听起来很难受，甚至，有的人为了躲避听他们说话，不惜请假、会上打瞌睡、玩手机游戏、频频借故出入会场。这种场面何等尴尬！或许有些演讲者会抱怨："不是我们想搞形式主义，而是不得不搞形式主义，演讲太难了。"其实，想要做好演讲有很多方法，完全没有必要依靠形式主义。

具体来说，你可以这样做。

1.端正演讲动机

不要把演讲目标定得过高，对于不切实际地期望，要有客观的分析。如果把演讲的意义片面夸大，甚至把演讲与个人终

生的成就、事业和幸福等紧紧联系在一起，那么，也只能落入俗套了。

2.做足准备工作

美国前总统林肯曾说过："我相信，我若是无话可说时，就是经验再多、年龄再老，也不能免于难为情的。"这句话说得十分深刻。

任何一场演讲，要想获得满堂彩，就必须做足准备工作。要知道，心中没有路子，脚下难迈步子，如果你心中无"货"，思想乏味，那么语言也同样乏味。

3.演讲内容要真实具体

在《风格的要素》一书中，威廉·斯特伦克这样阐述："那些研究写作艺术的人，假如在他们的观点中，有相似或一致的地方，那么，这个地方就是：他们认为如果说能抓住读者的兴趣，那么，最为可靠的方法就是要具体、明确和详细。像荷马、但丁、莎士比亚等这样一些最伟大的作家，他们最为高明的地方，就是他们处理特殊情境的能力，他们能在叙述或者写作时唤起读者脑海的景象。"

写作如此，演讲亦是如此。曾经，卡耐基和他的训练班的学员做了一个实验：讲事实。他们在实验中定了一个规则：在每句话中都必须有一个事实、一个数字、一个专有名词，还有一个日期。当然，他们获得了革命性的成功。

4.演讲内容要灵活，避免机械背诵演讲稿

演讲内容要灵活，避免机械背诵演讲稿。逐字逐句地背诵讲稿，很容易在面对听众时遗忘，即使没忘，讲起来也会显得十分机械化。美国前总统林肯曾说过："我不喜欢听刀削式的、枯燥无味的讲演。"背演讲稿对演讲者可能是一种必要的准备方式，但是，背诵依赖的是机械记忆，逐字逐句的记忆不仅会耗费演讲者大量的时间，而且演讲者容易形成心理麻痹。实际的演讲过程中，一旦有怯场、听众骚动、设备故障等突然事故，就容易出现"短路"现象。因而，在准备演讲中我们可以准备好提纲，再根据自己的语言风格、思维模式发挥更能打动观众。

5.注重语言魅力的展现

我们不应该只重视演讲的形式，而更应该注重自己的语言魅力。你可以适当地幽默、调侃，这样会使你的演讲变得十分有趣，独具特色，令人感动，并且能够让听众牢牢记住你的演讲，感到你的魅力，受到你的鼓舞。

6.演讲自然大方，不可扭捏作态

卡耐基称，在他一生的教学生涯中，曾有一段时间是很依赖教科书中的信条的，他那时只是照搬老教授传授的一些机械动作，演讲风格有些浮夸。

卡耐基常提及自己上的第一堂演讲课。

　　卡耐基按老教授所讲，将两臂轻垂于身体两侧，手指微曲，手掌朝后，拇指轻轻靠着大腿。然后他又让卡耐基把手臂举起，再画出优美的弧线，好让手腕优雅地转动，接着再将食指张开，然后是中指，最后是小指。当这整套合乎美学的、装饰性的动作完成之后，手臂得要回溯方才的弧线，再度放于双腿的两侧。经过一段时间的摸索后，卡耐基发现，这一套动作太具有表演性，一点也没有意义，显得做作、毫无诚意。他才明白，演讲要将自己的个性融合进去，要和平常与人谈话一样轻松、自然、生气勃勃。

　　总之，如果你正致力于提高自己的演讲能力，那么，你也要学会剔除那些机械式的演讲训练方式，做到内容充实、杜绝形式主义。

迂回曲折，戏剧性语言表达

　　生活中，如果你有演说经历，可能你也会发现，很多情况下，如果你直接向听众表达你的想法，听众未必能接受，此时，你不妨换个角度、戏剧性地展现你的想法，以达到曲径通幽的目的。事实上，我们生活的这个年代，何尝又不是戏剧化的呢？很多时候，仅仅用语言未必能恰当地表明我们的意见，此时，我们可以运用表演的艺术来使之更加生动、有趣和戏剧化。让演讲更戏剧化，我们可以从演讲结构和语言两方面安排。

1.结构戏剧化：设置悬念

每个人都有好奇心，心中一旦有了疑团，非得探明究竟不可。为了激发起听众的强烈兴趣，可以在演讲之前，先拿出一件物品，这肯定会让在座的听众挺直身子。他们会猜想：他要表演魔术吗？这就引发了听众的好奇心。展示的物品可以是一幅画、一张照片或其他实物，只要有助于演讲者阐述思想、能引出话题的都行。

2.语言戏剧化：采用对话的演讲形式

如果你要举例说明你是怎样通过自己的努力成功地平息了一位客户的愤怒的，你多半情况下会这样说：

前几天，我正在办公室，一位顾客突然闯了进来，他满脸愤怒，说上周我们的销售员送过去的洗衣机在操作上出了问题。我告诉他，我们的售后人员会尽快帮助他解决问题，他慢慢平息了愤怒，心情开始平静下来，对于我处理此事的态度表示很满意。

这样叙述一件事倒也没错，而且很详尽，但显得平淡无奇，最为重要的一点是，少了能让整个事件鲜活起来的对话。我们不妨对这件事的叙述方式修改一下：

就在上个星期二，我在办公室，突然，我办公室的门被人打开了，我一抬起头，就看到怒气冲天的查尔斯·柏烈克珊。他是我们公司的一位老客户了，我还没来得及跟他寒暄一番，他就劈头盖脸地说："艾德，在我发火之前，你最好尽快派辆卡车去，把那台洗衣机给我从地下室运走。"

我想问问到底怎么回事，他几乎不想回答了，只是在那生气。然后他气呼呼地说："那台破洗衣机根本不管用，丢进去的衣服全部纠缠在一起了，现在我的老婆快烦死它了。"

我告诉他先坐下，慢慢解释。

他的回答是："我哪有时间坐，我马上就要上班吃早饭了，我想我以后大概再也不会在你这里买什么家电了。"他一边说，还一边愤怒地拍桌子，还敲我太太的照片。

"请听我说，查尔斯，你坐下来把事情慢慢告诉我，我保证，我会做你要求我做的任何一件事。"听到我这样说，他的心情才算慢慢平静下来。"

当然，这并不是要求我们每次都在演讲中穿插对话，但就上例而言，我们能看出，如果演讲者运用对话，演讲将变得更有戏剧性，另外，如果他能模仿一下，改变原来演讲的语气，那么，对话就更见效果了。而且，对话是日常生活中的会话，会让演讲更为真实可信，更具真情实意，你是在与听众谈话，而不像一个学富五车的人在宣读论文，或者是朝着麦克风吼叫。

当然，戏剧性地演讲，不能故弄玄虚，这一方法既不能频频使用，也不能悬而不解。在适当的时候应解开悬念，使听众的好奇心得到满足，而且也使前后内容互相照应，结构浑然一体。

总之，演讲中，我们要想让自己的想法影响到听众，首先不要直接表达自己的意图，而是学会曲径通幽、戏剧性地表达，这能帮助我们很快达到自己的目的。

第04章

积累演讲材料，让你的演说言之有物

演讲必须有素材，俗话说："巧妇难为无米之炊。"
演讲就是将自己的思想观念传递给听众，甚至传递给更多
的人。作为演讲者要肚子有货，给听众一滴水，自己必须
先得有一桶水。只有积累演讲材料，才能让自己的演说言
之有物。

博闻多识，丰富自己的演说语言

演讲的重点在"讲"，口才在演讲中的重要性由此可见。对需要演讲的我们来说，写好了演讲词，不一定就讲得好；而要想讲好，必须能写出好的演讲词。其正如一个歌唱家歌唱的前提是作曲家能作出动听的曲子。真正的演讲家，既要善写，还要会讲，即既要有文才又要有口才。因为一个人的演讲内容，直接体现其掌握各种知识的程度，也就是说，一个有实力的演讲者，必定是个兼备超凡脱俗的智慧、深刻广博的思想内容和完美的演讲技巧的人。我们只有做到博学多识，才能在演讲中旁征博引，让演讲更具吸引力。

俗语说，"冰冻三尺，非一日之寒。"想要成就一次精彩的演讲，想要一开口就能言之有物，一方面要掌握一定的演讲技巧，另一方面要注重平日里的锻炼和学习，在平日里多积累词句，充实自己的内在。

常言道："工欲善其事，必先利其器。"要想会说话，说好话，首先必须充实知识，掌握知识这一利器。因为知识积累

可以丰富口语表达的内容，可以使口语表达更加准确生动。

知识是人们在社会实践活动中所获得的认识和经验的总和，是口语表达内容的坚实基础，也是形成优秀口才的必要条件。卡耐基在《语言的突破》这本书中强调："在这个世界上，全新的事物实在太少了。即使是伟大的演说者，也要借助阅读的灵感和得自书本的资料。"

你若希望博闻多识，以丰富自己的演说语言，可以从以下三种途径获得。

1.系统学习语言基础知识

这里的语言基础知识，指的是语法、逻辑和修辞方面的知识，以提高口语表达的正确性、生动性和严谨性。

2.系统学习副语言特征与体态语言等知识

系统地学习和掌握副语言特征与体态语言等方面的知识，可以更好地展现演讲者的精神风貌、情绪感受和个性特征。

副语言特征主要包括音质、音强、音色、语气、语调、语速、节奏等，体态语言主要包括表情、神态、动作、身姿、手势等。

3.坚持积累和吸收优秀的语言养料，做好词句的积累

古往今来的实践证明，不断地在生活中为自己补充新鲜的语言信息，是让语言素养永不枯竭的源泉。

而要提高语言知识养料，方法众多，日常生活中，你可以借鉴名家经典的演讲、大量阅读中外名著、与时俱进地在现实

生活中学习那些有生命力的活语言等。

运用语言的能力强，口语表达能力才会强，而具有较高的语言素养，才有可能表现出较强的运用语言的能力。

多储备"粮草"，才能口吐莲花

对于任何演说者来说，参与演讲，都希望自己能口吐莲花，然而演讲素材从哪里来呢？这就需要在平时储备"粮草"，若未经准备就出现在听众面前，难免会惊慌失措。古人说"腹有诗书气自华"，即强调了多读书、多积累的重要性。没有知识修养的人，无论有着多么高的社会地位，在演讲之中都会留下笑柄。

我们要想在演讲时有话可说，就要在平时注重积累素材，要做到每天为自己充电，对于所见所闻要观察思考表面和内在的东西，从中提炼思考能力和概括能力，并以此来作为提升自己的一个有效途径。否则，演讲时总会感到空洞而又不着边际，遣词造句时也会用错位置，让别人对你皱起眉头，甚至转身离开。

要想成为一个演说高手，就应该从平常的一点一滴积累做起。具体怎么做呢？我们不妨从以下几个方面来入手。

（1）多学习，多学识，提升自己的知识储备量。

（2）关注生活，提升自己的眼界和阅历。

俗话说："厚积薄发。"一个人收缩自如的演说能力绝不仅仅是技巧性的问题，而是在对生活的思考、学习和研究中不断磨炼出来的。我们要想成为一个在公共场合演讲的高手，不仅要有敏锐的观察能力和思考能力，掌握一定的演讲技巧，还要全面提升自身的文化修养。只有有了底蕴，才能够对许多问题侃侃而谈。正所谓"内有底蕴才能话语生香"。

演讲时多穿插有趣的小故事

通常演讲本身带来的感染力是较少的，毕竟你所说的大多都是枯燥呆板的内容，你可以看看大多数的公众场合的演讲，无一例外的都是"第一、第二、第三"，诸如此类的条条框框，整个演讲过程没有丝毫的趣味性。而对于听众来说，他们更希望听到一些有趣的内容，如有寓意的小故事，通过这些故事得到启发，这样的演讲不仅能调动听众的积极性，同时也有效地增强演讲的趣味性。

为了增强自己的文化底蕴，我们需要多多积累有寓意的小故事，而且在具体操作时还需要注意以下几个问题。

1.多积累发生在身边的故事

多积累身边的普通人、普通事，因为那些伟大的人、伟大的事固然有感染力，但毕竟与普通人的生活距离较远，很难引起听众的兴趣。如果积累一些身边的事情，用听众身边人、身边事来启发听众，对听众更有说服力，效果会更好。

2.多积累有寓意的历史故事

中华民族历史悠久，留下了光辉灿烂的文化，其中有寓意的历史故事可谓是数不胜数，它们大多富有生动性、趣味性和深刻性，对于说明道理，吸引听众有着十分重要的作用。比如说"兼听则暗"的道理，肯定会让人想到"唐太宗从谏如流"或"唐高祖广纳众议"这样的历史故事。

如果演讲者能在演讲过程中引用一些有寓意的小故事来阐述道理，那无疑可以增强说服力和感染力，使语言表达言之有据、生动形象。当然，要想达到这一点，我们首先需要做的就是多积累那些有寓意的小故事，有效地增强自己的文化底蕴。

从电视节目挖掘有用的素材

我们每天几乎都会花一些时间看电视，当然，对于工作较忙的人来说，这样的时间会少一些。通常人们看电视都是为了打发时间，或是排遣寂寞。而且电视节目内容主要是依据个人兴趣爱好选择，如有人喜欢音乐，有人喜欢看电影，有人喜欢财经类、新闻类、体育类等节目。不过，在看电视的过程

中，我们都容易忽视了电视节目给我们带来的另外一个作用，那就是节目中的某些故事、某句台词可以成为我们演讲内容的素材。这样的作用是自然而然的，有时你在演讲时会不自觉地说"我那天看到的那个感人故事，真的是一边流泪一边看完的""昨天新闻报道了一个奇怪的现象"等，诸如此类的话语，其实你就是不知不觉地引用节目中报道的内容。

当然，在节目中挖掘出演讲时所需要的材料，还需要我们选择合适的电视节目。人们看电视节目的目的就是放松心情，当一天忙碌的工作结束之后，精神疲惫，希望能通过娱乐性较强的节目来放松自己，使自己得到休息。在这种情况下，人们很少会想到通过节目来积累知识和演讲素材，但是，选择有品位、有意义的电视节目，会让我积累许多知识。

从电视节目中我们可以发现什么样的演讲素材呢？

1.感人的故事

每个电视台差不多都有真人真事的报道，从这些节目中我们可以更多地了解到一些感人的故事。如智障妈妈独自抚养一个弃婴，这样感人的故事可以穿插在我们当众演讲中，当然，在使用这些材料时还需要考虑是否恰当。

2.经典的台词

最近几年，几乎每年网上都有一些本年度最流行语言的总结，如那些经典的台词，主持人颇有哲理的一些语言，这些都可以成为我们演讲内容的组成部分。

3.热点新闻以及时事动态

每天的新闻热点，以及最近的时事动态，也都可以成为我们的谈资。当你在工作之余休息的时候，不妨将你所了解的新闻以及时事向身边的同事说说，久而久之，也能积累你的语言素材，证明你知识的广博度。

诚然，并不是说娱乐性的节目就不能挖掘到可用的素材，而是相比较那些有品位的节目，这些娱乐性节目提供我们的演讲材料会相对少而已。虽然，看电视节目是一种休闲活动，但我们还是需要尽量选择那些稍微有品位有价值的节目。

精心组织材料，为写稿奠定基础

俗话说："巧妇难为无米之炊。"材料是讲稿写作的基础，就如同修建房子的时候，必须有水泥、钢筋的建筑材料一样。撰写讲稿绝不可凭主观想象，而是建立在充分材料的基础上，撰写讲稿的过程实际上也是对所占有材料的归纳、消化、加工和升华的过程。材料主要来自两方面：一是众多的文本材料，二是平时的注意思考，进而形成独特见解的观点群。

1.平时多收集材料

收集材料，就是占有素材，包括综合的情况、一些重要

的数据、生动的事例以及重要的思想观点。一定要确保所占有的材料充分，如果你觉得收集材料并不重要，不当回事，而在写作运用时却有了新的认识，感到材料的可用性，后悔没有积累，你再找时间去收集就来不及了，甚至无法找到。有时候，平时积累的一些材料可能暂时用不上，但是在关键时刻能用上一个观点、一个事例、一句话，那么这些材料就没有白白积累。而收集材料的途径主要有以下三个。

（1）经过调查研究，取得第一手现实材料。写演讲稿，特别需要来自生活的第一手材料。通过调查取得的第一手材料往往更具体生动，真实可靠，给人印象深、感受深。俗话说："涉浅水者得鱼虾，入深水者得蛟龙。"调查研究必须深入实际、深入现实，必须沉下去，摸清实情。要坚持实事求是的思想，不唯上，不唯下，坚持真理，不见风使舵，更不能随意歪曲事实。需要客观地倾听，平等地讨论，适当地提问，注意点面情况的结合，对调查的材料要做必要的核实。

（2）广开材源。收集一些与所写演讲稿有关事物的变革情况，以便分析其发展变化，做出正确的分析判断，提出比较有见解的观点。报纸、文件、会议材料，信息、简报等与自己工作有关的材料，都可以及时收集下来，然后再分门别类，积累起来，使用的时候非常方便。

（3）储备基础材料。积累一些与演讲稿写作有关的基础材料，如法规、政策、文件、讲话、纪要等，甚至收集一些古今中外的精辟论断，作为形成演讲稿观点和进行综合分析的依据，或者直接引证所用。

你在调查、收集、积累材料的时候，要注意有三忌。一忌凭主观兴趣出发；二忌听风就是雨，只凭道听途说、一知半解；三忌实用主义地调查收集材料。

总之，调查积累材料，需要平时勤看、勤问、勤想，另外还需要广、实。自己要养成勤奋读书、阅报、看文件、记笔记和思考的好习惯，经常读读词语、成语，对一些重要的文件、讲话的关键段落要能够背诵。这样才能使你的材料库和思想库应有尽有、样样俱全、有备无患，在你使用的时候才会信手拈来。

4.注意储蓄观点

好的讲稿要有真知灼见，那就要在思想认识上达到一定的程度，形成自己的观点群并有较强的逻辑线索。那些历史上的不朽名作，都是在相当的思想积累、生活积累、感性积累、观念积累之上，经过提炼加工而成的。要想拥有自己的观点，就需要对客观事物分析认识得出结论，需要在认识客观事物运动规律的前提下结合实际去有针对性地认识问题、揭示问题、解决问题。

储备观点就是要注意积累一些有战略性的思想，有备无患，需要时则用之。而当你有了完备的观点之后，就可以在分析、选择、提炼材料的基础上以逻辑思维为经，以事实叙述、

必要的形象描述为纬，进而织出美丽的绫罗绸缎。

3.选择精练材料

演讲材料选择的大致范围确定以后，还要注意选择精练的讲话材料。除了选材要真实、准确，一般来讲，选择精练材料还要遵循以下标准。

（1）选材要紧紧围绕主题

主题是选材的依据，选择材料必须紧紧围绕主题，考虑材料能否有力地支持主题或为主题服务，否则，再生动的材料也不能用。即坚持这样一条原则：凡是能突出、烘托主题的材料就选用，否则就舍弃。能够有力支持主题的材料一般包括：演讲者自己受感动的材料，演讲者亲身实践证明了的材料，听众感兴趣的材料，等等。

（2）选择典型的材料

典型材料是指那些最鲜明、最有代表性、最能反映事物本质、最能体现演讲主题的材料。只有这样的材料才能以一当十、以小见大。

（3）选择有针对性的材料

演讲者在服从主题的前提下，选材还要有针对性。演讲者从听众需要出发，有针对性地选择材料，在组织和选取材料时，"因地制宜，因人施讲"，这样才能达到晓之以理、动之以情的效果，才能唤起听众的热情和兴趣。这种针对性包括以下几点。

①要针对不同场合、不同听众的具体特点、兴趣和爱好选择使用不同的材料。

②要针对听众的文化程度，把材料具体化、形象化，多选择听众能看到、听到、感觉到的材料。

③要选择符合听众心理和要求的材料，尽量使这些材料和听众的切身利益结合起来。

④要选择那些能给听众指明方向、能够教给听众行动的手段和方法的材料。

⑤要选择那些正确、准确、科学性强的材料，使听众相信和服从。

⑥要根据自身的特点，选取那些自己熟悉的、适合自己身份的材料，这样才能将主题表达得充分而深刻，具有说服力，在演讲时才能胸有成竹。

演讲稿材料的收集和选择是一个问题的两个方面，二者相辅相成，缺一不可。

撰写讲稿不能就事论事，而是需要把理论与现实结合起来。有了材料也不能直接堆砌，而是需要虚实结合，把理论与实际联系起来。如果没有客观的现实，演讲稿就显得空洞无据，不能服人，更不能具体生动地感人；如果就事论事，就显得没有深度，不能发人深思，启迪人的智慧。

第05章

说好开场白，一开口就要调动观众的兴趣

一场演讲开场白很重要，好的开场白可以一开始就牢牢地抓住听众的心，让听众愿意听、喜欢听，我们通过精彩的开场白就可以掌控整个演讲，让演讲荡气回肠。当然，要讲好开场白也要掌握技巧，一些引人入胜的语言可以为开场白增添光彩。

设计好的开场白，抓住听众注意力

精彩的开场白可以起到创造良好气氛、激发听众兴趣、说明演讲主题的作用。演讲学界曾有人指出：如果没有一个好的开头，想在整个演说过程中始终做到轻松、巧妙地与听众交流思想是颇为困难的。

俗语说：良好的开端是成功的一半。这句话用来说明优秀演讲开场白的功用颇为适宜。因此，演讲者不仅要对演说开场白引起重视，更要懂得如何开场才能挑起听者的兴致，从而使得自己的演说在掌声中进行。

很多人都说，文章开头最难写。同样道理，演讲的开场白也最不易把握。其原因有二：一是站在众多人的眼前，即使准备充分，也会紧张、怯场，一时不知从何说起，这样难免导致整场演讲的失败。二是虽然演讲者没有怯场，但如果表现平平，没有在一两分钟内"震住"听众，这样的演讲也很难有十分理想的效果。

因此，开场白只有做到匠心独运，富有新颖、奇趣、敏慧

之美，才能给听众留下深刻印象，才能立即控制场上气氛，在瞬间集中听众注意力，从而为接下来的演讲顺利地搭梯架桥。

演讲开场白成败的关键在于能否吸引并集中听众的注意力。演讲时获取听众注意力的方式随题材、听众和场景的不同而改变，一般可以运用事例、逸闻、经历、反诘、引言、幽默等手段达此目的。那么，具体来说，我们怎样使演讲的开场白精彩起来呢？

1.放下架子，自我解嘲

自嘲就是"开自己的玩笑"。对此，需要演讲者在演说过程中放下架子，运用诙谐的语言巧妙地自我介绍，这样会使听众倍感亲切，无形中缩短了与听众间的距离。

2.奇谈怪论，吸引眼球

演讲与一般的交流沟通不同，那些平庸、普通的语言与观点可能不能引起听者的兴趣。对此，演讲者在演说前，如能做一番准备工作，抛出与众不同的论调，那么，必能出奇制胜，造成"此言一出，举座皆惊"的艺术效果，会立即震撼听众，使他们蓦然凝神侧耳细听，寻求你的演讲内容，探询你如此讲的原因。

需要注意的是，应结合听众心理、理解层次出奇制胜。不能为了追求怪异而大发谬论、怪论，也不能生硬牵扯，胡乱升华。否则，极易引起听众的反感和厌倦。须知，无论多么新鲜的认识始终是建立在正确的宗旨之上的。

3.贴切引用

演讲的开场白如果恰到好处地引用大家不大熟悉的格言警句或诗词佳句，再加以解释，从而顺利入题。演讲就会有声势有威力，能迅速吸引听众。

当然，吸引听众的方式有多种：有的是在开场白采用幽默语、形象语、发问语、警句、格言、典故、谚语等以引起听众的兴趣；有的语言朴实无华，但提出的是党和国家的重大问题；有的则充满激情，具有振奋人心的作用……作为演讲者，可根据具体的演说主题，设计好一个新颖别致的开场白，一开口就抓住听者的"神经"，从而赢得一片掌声！

一个有演讲经验和演讲学识的演讲家，通常都非常重视演讲开场白的设计。演讲开场白是演讲者向听众出示的第一个同时也是最重要的信号，能否吸引听众的注意力，引发他们听的兴趣和积极性就取决于这最初发出的信息。

制造悬念，激发兴趣的开场白

可能不少人在演讲的过程中，都有这样的感触：一上台就开始正正经经地演讲，会给人生硬突兀的感觉，让听众难以接

受。而如果能在开场时卖卖关子，制造悬念，则能迅速吸引听者的注意力。演讲中的悬念是指听众对演讲中故事情节发展和人物命运所持的一种关切、期待的心理。

可以说，悬念是打开成功演讲之门的金钥匙，这种心理活动，如果能被我们在演讲时恰当利用，就会使听众产生一种听完后有所得的愉悦感，真切理解演讲者的意图。

好奇是人的天性，一旦有了疑虑，非得探明究竟不可。在开场白中制造悬念，能激发听众的强烈兴趣和好奇心，在适当的时候解开悬念，使听众的好奇心得到满足，也使演讲前后照应、浑然一体。通常来说，我们在演讲开场时使用的悬念方法有以下几种。

1.即景生情法

我们在演讲时，不妨以眼前人、事、物、景为话题并加以引申，把听众的注意力不知不觉地引入演讲之中。当然，这个话题最好能生动有趣。这样即兴发挥，能给人耳目一新的感觉。

当然，即景生情不是故意绕圈子，不能离题万里、漫无边际地东拉西扯。否则会冲淡主题，也使听众感到倦怠和不耐烦。演讲者必须心中有数，还应注意点染的内容必须与主题互相辉映，浑然一体、恰到好处地过渡。

2.展示物品法

在演讲开始时，我们可以向听众出示一件物品，如一个玩具、一本书、一幅字画等。一般来说，听众一见这些物品都会想：这个物品跟你的演讲有什么关系？这个物品有什么特殊之处？带着这种悬念，听众会自然而然静下心来听我们演讲，我们也由此进入主题。

3.对比设疑法

我们在开场时可以用强烈的反差、对比来引出自己的主题，以期在人心目中留下深刻的印记。这主要指以对比、对照和映衬之类的修辞手法，来引领和导入自己的话题。

风趣开场，一开口就抓住听众心

我们都知道，演讲是在公共场合发表观点，所以，通常来说，演说都是比较正式的，然而，作为演讲者，我们并不需要在演讲时一本正经、板起面孔，相反，如果我们能采用幽默式开场白的话，则更易让听众接受。恩格斯曾经说过："幽默是具有智慧、教养和道德上优越感的表现。"幽默的语言能够让社交的气氛变得轻松和融洽，是最有趣、最有感染力的语言传递艺术。

幽默的开场白从侧面体现了演讲者的智慧和才华，体现了他对将要进行的演讲充满信心与期待，所以听众会逐渐由为演

讲者的个人魅力所吸引，过渡到为演讲本身所吸引。可见幽默的开场白对于演讲的开展是至关重要的。

机智的人往往不仅善于以局外人的身份化解他人的争吵，而且善于打破在与人交往时因发生矛盾而出现的僵局。

的确，就演讲者来说，如果他一开始演讲就很严肃，那么接下去的演讲就很难活跃起来。而演讲者与听众的关系一旦在开始就是疏远和隔膜的，以后便不好拉近。所以，开场时幽默一下是有好处的。它可以使演讲者和听众都处于轻松的状态，缩短双方的距离。而且，在演讲的正文开始之前，逗乐有充分的自由，有各种各样逗乐的题材和方式。

那么，具体来说，演讲者如何在开场白中运用幽默的素材呢？

（1）自我调侃。

（2）以"掌声"为幽默素材。

演讲活动中，诙谐幽默的开场，能让大家会心一笑，放松整个现场的氛围。

如果你一开始演讲就想要抓住听众的心，最好的方法就是利用幽默。

以事实为开场进行演讲

瑞士作家温克勒说："开场白有两项任务：一是建立说者与听者的同感；二是如字义所释，打开场面，引入正题。"不得不说，任何形式的演讲，开场都是关键。在演讲开始后的几分钟或者几秒钟内，听众通常会决定是否接受演讲，继续听下去。好的演讲，一开始就能用最简洁的语言、最经济的时间，把听众的注意力和兴奋点吸引过来，以此达到出奇制胜的效果。要达到这一效果，方式当然多种多样，但更能引起共鸣的还是无懈可击的事实。

我们进行演讲，本身就是为了将所陈述的观点深入人心，引发共鸣，以达到震撼人心的作用。开场白中任何技巧的运用，都不如以事实开头更能获得听者的信任与认同。

那么，具体来说，我们该如何以事实为开场进行演讲呢？

（1）用令人震惊的事实开头。

（2）讲述与演讲主题相关的背景知识。如果我们在演说开始时，能对听众讲述与主题有关的背景知识，那么，不仅能体现出主题的重要性，更能用事实说服听者。

当然，我们在演讲开场白中陈述事实，有很多途径，这需要我们根据具体的演说场景和主题进行选择，但无论任何陈述，必须建立在真实可信的基础上，一切有失真实的言辞都有

可能被听者识破而使得整个演讲黯然失色。

以事实为开场白，可以使听者从一系列震撼人心的事实中醒悟过来，造成一种悬念，急于了解更多的情况。因此我们在发表演讲时，也可以选用事实为开场白，以引起听者的注意、赢得他们的认同。

匠心独运，以故事开场

用形象性的语言讲述一个故事作为开场白会引起听众的莫大兴趣。可供使用的故事一般有两类：一般的故事和幽默的故事。具体来说，我们可以这样操作。

1.一般的故事

这一类故事，可以是现实生活中的选事趣闻，也可以是中外历史上有影响的事件。无论使用哪一类故事，都应注意和自己的演讲内容相衔接。

2.幽默的故事

心理学家凯瑟林告诉我们："如果你能使一个人对你有好感，那么，也就可能使你周围的每一个人，甚至是全世界的人，都对你有好感。只要你不是到处和人握手，而是以你的友善、机智、风趣去传播你的信息，那么空间距离就会消失。"

幽默能一下子拉近人与人之间的感情距离。

演讲开场是演讲者向听众出示的第一个同时也是最重要的信号，我们若能以故事开场，便能抓住听众的注意力，引发他们听的兴趣和积极性。

演讲开场白的一些禁忌

我们做演讲的开场白必须是"有利的"，也就是有益于演讲的，任何一位明智的人都不会一开口就侮辱听众，或者口出恶言，否则会在一开始就引起听众的反对，反对他的言论，更别说认可他了。然而，一些演讲者却常常以下面这两种方式企图来吸引听众的注意力，这是十分不明智的。

1.以道歉开头

假如你在演说之前未做准备，一上台就道歉，这是不妥的。因为听众也是精明的，他们很快就会发现你的"无米之炊"，无须你再做说明；即便听众没有发现，你又何必无故再引起他们的注意力，因为你无异于是在告诉他们，你随手捡起火炉边的一些资料就拿来应付他们，你认为满足他们不必做准备，这与侮辱你的听众有何分别？所以，记住，听众根本不想听你的道歉，大家聚在一起，就是想听听你在某个问题上的看

法和意见。

当你一站到听众面前的时候，你就无可避免地会吸引来听众的目光，要在5秒钟的时间维持这份注意力并不困难，但是要在5分钟之内都维持这份注意力，那就有难度了。而一旦你失去了这份注意力，想再挽救回来，困难就成倍地增加了。所以，你开口的第一句，最好就说一些能引发听众兴趣的话，记住，是第一句，不是第二句，更不是第三句！

2.以"所谓的幽默故事"开头

前文已经提到过，如果你一开始就想要抓住听众的心，就要发挥你的幽默力量，当你演讲时，要把你的幽默力量运用自如，把幽默力量真实而自然地表现出来。不少演讲者也的确在开场时加入一些幽默的成分，但我们必须明确一点，幽默只有运用得恰到好处才能起到应有的作用。

某些演说者总是相信一些奇怪的言论，他们似乎认为学习演说的人如果表现得不好笑是无法吸引听众的。所以，原本他们的性格是严肃的、端正的，但一到演讲时刻，他们就幻想着马克·吐温附身了，然后，他们就会马上以自以为是的幽默故事来作为自己的开场。实际上，他所讲的故事，和字典一样的沉闷，他的笑话也没有将听众的笑点激发出来。

也许，真正懂得制造幽默气氛的人，会懂得利用最简单有效的一种方法——那就是拿自己开涮，把自己当作笑料的题材，将自己曾经做过的一些荒谬而尴尬的事和大家分享，这也许才是幽默的本质。

一方面，那些真正懂得运用幽默的演讲者常开自己的玩笑，他们说话时亦庄亦谐、妙语连珠、幽默至极。对于这样语言风趣、不卑不亢、又敢开自己玩笑的人，听众自然会向他们打开心扉；另外一方面，总是表现出一副专家的模样，则会使听众冷漠与排斥你。

万事开头难，演讲也不例外。演讲中的开场很重要，它可以奠定整个演讲过程的基调。如果开场白毫无新意，那么即使内容丰富、道理深刻，也无法有效地吸引听众，接下来就很可能出现听众昏昏欲睡的场面。

演讲开场中，除了掌握一些必备的经典开场方式之外，我们还应尽量避免以上两种开场方式，只有真正吸引听众注意力的开场，才是有效的，才能达到我们的演讲目的。

第 06 章

恰到好处的结尾，让听众回味无穷

俗话说："文章精神全在结尾。"一样的道理，在一场精彩的演讲中，精彩的结束语是必不可少的。有一种心理效应叫作"近因效应"，人们最容易记住的往往是最后听到的几句话，演讲者要让自己的演讲"余音绕梁，三日不绝"，就一定要在结束语上下功夫。

好的结束语，为演讲锦上添花

前面，我们已经分析过开场白对于整个演说的重要性，所以，不少演讲者都很重视开场白中话术的研究，然而，却很少有人愿意在演讲结尾上雕琢更多。他们仅仅是轻描淡写地草草收场，结果可想而知：费尽口舌发表的长篇大论很快就被人们遗忘。要想听众对你的演讲记忆深刻，你的结尾必须像开场一样气势磅礴、掷地有声。演讲的结尾应该简洁有力。只有这样，才能做到首尾呼应。因此，我们要明白的是，对于演讲来说，也要有始有终，不能虎头蛇尾。具体来说，我们可以从以下几个方面来结束演讲。

1.总结演讲内容

事实上，我们进行演讲，总有一定的主题，在演讲者一阵慷慨激昂的陈词之后，可以用极其精练的语言，简明扼要地对自己阐述的思想和观点做一个高度概括性的总结，以起到突出中心、强化主题、首尾呼应、画龙点睛的作用，这就是总结式结尾。

我们看到的更多的是，对于只有5分钟的讲话，一些演讲者会在自己没有意识到的情况下将范围覆盖得很广泛。而到了结束的时候，他们的主要论点还没能清楚地传达给听众，导致听众对他们主要想表达什么还是云里雾里。

一般只有很少的演讲者注意到了这个问题。大部分人都错误地认为，观点在他们的脑海中已经十分鲜明了，那么对听众来说也是同样清楚才对，但事实呢？当然不是如此，你所说的任何一句话对听众来说都是新鲜的，他们在事先并不会像你一样经过了深思熟虑，所以，这些观点就好像你丢向他们的弹珠，有的可能真的丢到了听众身上，但是大部分还是掉在了地上。听众可能会"听到了一大堆的话，但是没有一句能真的记在心里了"。所以，在演讲结束，我们再次高度概括自己的观点，做一个简要的总结，听众会印象深刻。

2.重述开头

重复式的结尾方式是强有力的——非常清晰，并且能够在演讲中创造出一种节奏感，维持演讲者与听众之间的联系。对于任何一场演讲来说，这都是一种安全、自然的结尾方式。

我们可以在演说中运用以下结束语。

我已经说过，同事们，你们都是全公司最优秀的团队。每年，你们都以公司最优秀的员工站在领奖台上，你们已经无数次向所有人展示怎样才能取得优异的成绩。我很高兴，也很荣幸能够和你们一起走向成功。"

"可见，我们必须学习一些新软件的操作方法，以便接受并掌握总部所投资的新型的顾客数据库系统。"

"说实话，我们现在不得不改变我们为顾客服务的方式，为那种逐一追踪的销售模式画上一个句号，并创造一个新的系统，让我们随时了解生产线上每一种产品的情况。"

"我已经要你们接受管理方式上的转变，并祝贺与支持詹妮弗升任我们的区域销售总监。"

这虽然并不是一种别致、激动人心的结尾方式，但是却不仅能帮助你重申演讲主题，还能帮助你巩固信心，特别是当你振奋精神、让你所说的最后几句话具有了一种像音乐一样的旋律时，这种结尾方式对你最为有利。

3.请求听众采取行动

在希望听众采取行动的讲演中，当演讲时间快到时，你要立即开口提出要求，如要听众去参加社会募捐、选举、购买、抵制等任何希望他们去做的事，当然，这也需要遵从以下几点原则。

（1）提出的要求要明确。别说："请帮助红十字会。"这种含糊不清的请求，而应该说："今晚就请寄出入会费一元给本市史密斯街125号的美国红十字会吧！"

（2）要求听众做能力之内的反应。别说："让我们投票反

对'酒鬼'。"这不可能办得到，眼下我们并未对"酒鬼"进行投票。不过，你却可以请求听众参加戒酒会，或捐助为禁酒奋斗的组织。

（3）尽量使听众容易根据请求而行动。不要对你的听众说："请写信给你的参议员投票反对这项法案。"绝大部分的听众是不会这么做的，原因多种多样，要么是他们不会有如此强烈的兴趣，要么是他们觉得麻烦，要么是他们根本就不记得。因此，你的请求要让听众听起来觉得简单易行才可以。怎么做呢？自己写封信给参议员，然后在上面附上："我们联名敦请您投票反对第74321号法案。"然后再把你的信和铅笔在听众之间传递，这样你或许会获得许多人签名——当然，最后，可能你的笔也找不到了。

总之，演讲中，我们一定不能虎头蛇尾，最好做到首尾呼应，这样做，不仅照应了文章的开头，而且还升华了演说的主题。

把握时间，让结束语恰到好处

俗语说：良好的开端是成功的一半。这句话用来说明优秀演讲开头的功用颇为适宜。演讲的结尾同样重要，然而，何时结尾对于很多演讲者来说，也是一个难以把握的问题，因此，我们不仅要对演说开场引起重视，更要懂得如何结尾才能使自己的演说在一片掌声中结束。

在演讲中，结尾可以算得上是最具战略意义的部分。对于初学演讲的人来说，他们往往在这一方面做得不尽如人意。要知道，当一个演说者马上结束自己的言论时，他在最后所说的那几句话是否有力，将会影响到整个中心思想在听众脑海中的记忆长久程度。

乔治·福·詹森是大安迪柯—詹森公司的总裁，同时也是工业家兼人道主义者，一次，卡耐基访问他，发现他是个能让听众笑，也能让听众哭的，并总能让听众对他的话牢牢不忘的演讲家。

他没有自己的办公室，他在工厂的某个宽大的角落里办公，卡耐基初次见到他的时候，发现他的神态里透露出来的是老木桌般的诚恳。

当卡耐基走进来的时候，他说："你来得正好，刚好我有件特别的事要做，我已经把今晚要和工人们讲话的结尾做了个简单的记录。"

"将脑子里的演讲从头到尾做出一个整理来，会让人缓一大口气。"卡耐基附和说。

他却回答说："噢，它们还没有完全在脑子里成形，还只是

一些笼统的概念，以及我想用来做结尾的特殊的方式而已。"

乔治·福·詹森并不是专业的演讲者，也从未想过在演讲中用什么华丽的辞藻和精致的诗句，不过他倒是掌握了演说成功的秘诀之一就是要有个精彩的结尾。他了解，要想让自己的演说达到深入人心的目的，就要让演讲内容合情合理地往前推进，最后逐步得出结论。

可见，恰到好处的结尾会帮你给听众留下深刻的印象。其实要结束一次演说并不那么简单，也有艺术在其中。为此，在收尾时，你需要注意的是以下几点。

1.把握好收尾的时间

美国作家约翰·沃尔夫说："演讲最好在听众兴趣到高潮时果断收束，未尽时戛然而止。"这是演讲稿结尾最为有效的方法。因为在演讲处于高潮的时候，听众大脑皮层高度兴奋，注意力和情绪都由此而达到最佳状态，如果在这种状态中突然收束演讲，那么保留在听众大脑中的最后印象就特别深刻。

这里，需要我们掌握好时间，使演讲结束得从容不迫、自然得体。我们所说的结尾要有力度，不可贻误最佳的结束时间，当然不是指毫无准备地突然使演说中断。相反，即使演说恰到好处了，也不可猛地来个"问题陈述完毕""以后再谈吧"之类的话。我们应审时度势，对于结束演说事先有个心理准备，并预先留出一点向结束过渡的时间，为结束演说创造一定的条件。否则，在缺乏思想准备的情况下，丝毫没有过渡地突然将演说终止，不仅会给听者留下粗鲁无礼的感觉，还会显得演说虎头蛇尾。

2.结尾要达到高潮

激发高潮就是演讲效果层层推进、逐步向上发展，在结尾时达到高峰，句子的力量也越来越强烈。这种方法是很普遍的结束方式。不过，往往较难控制，但是如果处理得当，这种方法是相当好的。

尽管演讲的格式不固定，或对演讲全文要点进行简明扼要的小结，或以号召性、鼓动性的话收束，或以诗文名言以及幽默俏皮的话结尾。但总原则是要给听众留下深刻的印象。为此，把握演讲结束的时机很重要，结尾一定要简洁有力，不可草草收场！

前后呼应，彰显演讲主题

写文章时首尾呼应，就是文章的开头和结尾在内容上互相关照、互相呼应，前面讲的内容，后面要做出相应的交代。而这一手法，同样可以运用于演讲活动中。演说收尾过程中，常出现以下两种情况：一些演讲者演说收尾拖沓冗长，犹豫不

决；另外一些演讲者倒是不显得犹豫不决，而是戛然而止，使听众不知道中间的空白是暂时停顿还是最后的结束。而精彩的演说在收尾时往往能斩钉截铁，并能与开场白时吸引听众注意力的办法相呼应。

首尾呼应重在结尾对开头的呼应。那么，演讲者如何才能做到首尾呼应呢？

1.重述开头法

或者再次提及开头讲过的笑话或故事；或者重复你的主题句和支持性陈述，使它变得更有趣；或者把它稍加改动，使之适用于你的主题。这是一种有效而可靠的结束演讲的办法。这样做，会帮助你不断敲击听众的心扉，以下这种模式可以帮助你很好地维持与听众之间的联系：

演讲开始时——你将要告诉他们什么。

演讲过程中——告诉他们。

演讲结束前——你已经告诉了他们什么。

2.回答演讲开场的问题

举个很简单的例子。

"生命是什么？生命是或起或落、飘忽不定的云吗？生命是傲然挺立、高耸入云的树吗？生命是奔流到海、不舍昼夜的河吗？"

……

"生活告诉我们：生命是云，为了理想奔走四方；生命是树，为了理想永远向上；生命是河，为了理想顽强执着。"

这是某次演讲的开场与结尾，开头提出问题"生命是什么"，并且用了比喻、排比的句式具体化了问题。结尾部分，演讲者对开场的问题一一做了回答，使抽象的生命更加具体，并揭示了生命的真谛在于奋斗，在于坚持，在于永不言败。一问一答，首尾呼应，升华了演说的主旨。

可见，演讲者在演说收尾时若能做到首尾呼应，那么，不仅照应了文章的开头，而且还升华了演说的主题。

当然，演讲者发表演讲，多半是为了起到鼓舞、震撼人心的作用，对此，你不妨在演讲开头提出一个关于演讲主题的问题，在演讲收尾时对这一问题进行总结回答，这样前后呼应，自然能彰显演说主题。

提出问题，令听众深入思考

学生经常会听到语文教师这么结束一堂课："今天这堂课同学们有什么心得体会，明天早上每个人交一份作文上来。"这一手法也是教师在教书育人过程中通常使用的，其作用在于引发思考，强化课堂内容。

其实，我们也可以采用问题式的收尾方式。演讲者向听众提出问题，甚至是一系列的问题，让听众进行思考。这样的结尾方式优点在于能更好地让听众参与到演讲中来，深入思考，做到以境感人。

现实生活中，一些演讲者也认识到收尾应该简短有力，应该用一句话使听众毫无疑问地明白演讲已经结束。而在没有想好决定性的结束语时，他们只好继续总结，同时不得不努力考虑怎样不留痕迹地收尾。结果，许多人不得不有些沮丧地或用乏味无力的结束语收尾。而实际上，如果你能够把问题留给听众，那么，整个演讲就显得有头有尾，也能为自己免除很多烦恼了。

任何专业的演讲人士都知道，收尾时的提问是他们创造一个成功的演讲时可以利用的、极好的帮手。有经验的演讲者也知道这一部分可以帮助他们深化主题句在听众中的影响力，并推动他们向听众提出请求，还可以帮助他们维持或者进一步增强他们与听众之间的联系。

那么，作为演讲者，应该怎样采用问题式的收尾呢？

1.问题简短明了

现代的快节奏，要求演讲者的演说要简短有力，而不是洋洋洒洒没完没了。否则，会招来听众的反感。同样，在演说收尾时，演讲者提出引发听者思考的问题，也应简洁明了，不可卖弄关子，否则，会让听者产生厌恶情绪，对你的问题自然也没有任何思考的兴趣了。

2.提选择式问题

顾名思义，就是演讲结束时，演讲者让听众在"是"或"否"之间选择，在两个或若干答案之间选择。其实，关于这些问题，演讲者在演说的过程中，已经给出了很明确的答案。但如果你直接说出来，就会大大减弱答案的说服力，也会削弱演讲者与听众间的联系。

理想的情况是，在需要回答的问题上投入一定的时间和精力，并且顺带着强调你的主题句和你对听众的要求。因为只有那些有一定深度同时又能让听众"一语惊醒梦中人"的问题才能真正起到震撼作用。

3.所提问题要与演说主题相关

任何与演说主题无关的问题，都是无价值的。演讲者在演说收尾时的问题，如果偏离了主题，那么，不仅向听众昭示你的演说水平低，还很容易迷惑听众。

在演讲中，精美的结尾就恰如一串珍珠中最灿烂的那一颗，举足轻重且光芒四射。因此，作为演讲者，你设计的最后一句话一定要像第一句话一样简洁有力。只要你精心构思，反复锤炼，使之别具韵味，就一定会使演讲获得成功！

幽默式结尾，让演讲在笑声中结束

我们都知道，演讲活动中，开场白尤为重要，而幽默式的开场白会激起听众的兴趣，实际上，幽默同样能对演讲的结尾起到这样的作用。演讲中，如果草草收尾，那么，势必会让整个演讲显得虎头蛇尾，还会让听众留下遗憾。幽默式结尾是较有情趣的一种。演讲在笑声中结束，能给演讲者和听众双方都留下愉快美好的回忆，也是演讲圆满结束的形式化标志。

的确，开场白重要，有个好的结尾更重要，幽默的演讲稿开场白能充分调动大家的热情，幽默的演讲稿结尾能给人深刻的印象、期待你的下一次演讲。

可以说，在所有的结尾方法中，幽默是最能被听众接受的了。我们在公共场合演讲，如果也能以幽默、风趣的语言结尾，那么，可为演讲添加欢声笑语，使演讲更富有趣味，令人在笑声中深思，并给听者留下一个愉快的印象。

那么，怎样才能达到这种效果呢？

（1）造势。

（2）动作与语言相结合。

（3）概括。

演讲的幽默式结尾方法是不胜枚举的。关键是我们要具有幽默感，并能在演讲中恰如其分地把握住演讲的气氛和听众的心态，才能使演讲结束语受到"余音绕梁，三日不绝"的轰动效应。

用含蓄、幽默的言辞或动作作为演讲的结尾，意思虽未直接表露，但富有趣味，发人深省，听众在欢声笑语中禁不住要去思考、领会演讲者含而未露的深刻用意。

号召式结尾，令听众大受鼓舞

"编筐编篓，重在收口。"演讲收尾部分往往是点睛之笔，既是收尾又是高峰；既水到渠成，又戛然而止；既铿锵有力，又余音袅袅；既别开生面不落俗套，又来得自然，能给人以强烈的印象。然而，无论我们在演说时追求什么艺术效果，在结尾时都必须达到点醒听众的作用。要达到这一效果，我们可以采用号召的结尾方式。

号召式结尾是演讲者用提希望或发号召的方式结尾，以慷慨激昂、扣人心弦的语言，对听众的理智和情感进行呼唤，或提出希望，或发出号召，或展示未来，以激起听众感情的波涛，使听众产生一种蓬勃向上的力量。

使用这一方式的结尾，我们可以这样做。

1.抒发感慨

我们往往在结尾抒情怀、发感慨，总结整个演说的核心思

想。而往这些思想注入自己的情感，最易激起听众心中感情的浪花。

2.警醒听众

我们使用收尾方式突出重点时，应当注意，演说的目的重在鼓舞人心，不可危言耸听。

3.提出希望

结尾时，演讲者用深刻的认识和独到的见解向听众提希望，发号召，使听众精神为之一振，具有动人情、促人行的作用。

4.给予评价

评价式结尾在令人思索的同时，也能给人力量。

5.请求采取行动

演讲的目的不仅在于传达某种观点，更是要有实际效用。成功的演讲者在演讲中结束时，会号召听众采取某种实际行动，并表明时机已经成熟。不过，请务必遵从以下原则：一是提出的要求要明确；二是要求听众做能力之内的反应；三是尽量使听众易于根据请求采取行动。

另外，我们在演讲收尾前，应早有准备，要熟记自己的结束语，这样在总结陈述时可以始终保持与听众的目光交流。结束演讲后，短暂地收回目光，然后重新与听众进行目光交流。你会感到大家的注意力又从演讲内容转移到你身上。这时不要忘记为听众留下肯定的自我印象，从而不至于削弱最后一句话的效力。

第 07 章

贵在真挚，演讲中打动听众的技巧

一场成功的演讲必须能吸引、说服、鼓动、感召听众，所以，用自己的演讲唤起听众的共鸣，从思想深处征服听众，是演讲者最终极的目的。在实际演讲中，我们要擅长运用一些打动听众的技巧，引起听众的共鸣。

保持激情状态，展开热烈的演讲

演讲最需要的是热烈的气氛，如果掌声雷动、欢呼声不断，那么就会激发演讲者的激情，使你越讲越精彩。要使你的演讲热烈起来，吸引听众积极参与，并始终将其热情维持在相当高度，你可以采取以下几种方式。

1.举一些事例

你在演讲的过程中，要善于选择一些比较有代表性的事例来阐述问题。这样可以为你的观点增加分量，并且能够表明你的陈述是比较客观的。如果缺乏事实的依据，你的演讲就没有信用度可言。当然，也要注意，不要引用过多事实，避免听众厌烦。

2.运用数字

在演讲中巧妙地运用数字，可以提高你演讲的热烈度。数据通常能起到惊人的强调作用，你在演讲中要善于通过具体的统计数字、数据来进行分析或论证。由于数字具有简洁性，所以在许多技术型演讲中都是必不可少的。但是数字本身是不能

和听众交流的，而有些数字的数目太大，因此需要做出进一步解释。你可以把抽象的数字变成形象的比喻，既便于理解，又增强生动性。

3.类比

演讲中适当运用一些类比，以相似之物分析其相似点和紧密之处既可以使你的语言形象化，也能吸引听众的注意力。畅销书作者理查德斯泽博士谈及医药时，他这样写道，"外科医生抚摸着患者的心脏，就像手里攥着一只小鸟。"给人留下非常深刻的印象。

4.反比

演讲中通过正反两种情形、前后两种情况变化的对比，揭示问题的症结和原因所在，使人们加深对道理的理解。很多问题不便正面解释，不妨举出反面例子来阐述。

5.巧妙运用典故

演讲中可以适当运用典故，或引用伟人经典著作，或引用历史典故、古诗、格言、民谚等，或引用上级文件、领导讲话的重要观点，来增强演讲的深刻性。

6.适当插入一些个人经历

自己的经历最有说服力，因为亲身经历，给人的信任度很高。如果演讲者这样讲，"我昨天接待了一批外国客户，他们给我们建议……""今天我看见……""我看到这个月，大家表现得很……"，肯定会有说服力。当然，为了证明某个观点，有些经历的引用只是进行补充说明而非必需。许多演讲者用个人的经历和听众建立融洽的关系，或者进一步印证论点，效果很好。应注意，引用的经历必须是听众感兴趣的事，并能对听众造成影响。

7.重复论述

为了强调一个很重要的观点，演讲者可以进行重申，它可以帮助你发现和表达冗长的观点的精髓之处。在用自己的话语阐明论点时，重复申明可以使得你在保持观点的权威性的同时，也不会丧失自己的立场。

总之，作为演讲者的你，在整个演讲过程中，应该保持高昂、激情的状态。下面的听众需要你通过演讲来调节情绪，虽然这种热烈的气氛是相互影响的，但是你一直占据主动位置，你需要把控全局。

与听众互动，营造积极的氛围

我们都知道，演讲是演讲者与听众的双向交流活动。演讲者是信息的传播者，听众是信息的接受者。演讲者离开了听众就失去了对象，演讲活动就无法进行。可见，成功的演讲者既

要使演讲成为听众的一部分，也要使听众成为他的演讲的一部分，而其中首要的，便是要了解和掌握听众的心理特点。

一般来说，如果听众对演讲内容有极大兴趣，便会采取积极、热情的合作态度；反之，则会采取冷漠甚至敌视的态度，演讲就不会成功。因此，演讲者必须在了解听众的基础上力求触发听众的兴奋点和创造欲，才能实现最终目的。而成功的演讲者在演讲前往往都会进行一番铺垫，与听众互动，以营造让听众乐于倾听的氛围。

营造良好的演讲氛围，可以带动听众的积极性并能够很好地学到演讲技巧。这里讲的"气氛"，就是要带动听众的情绪，和听众达到一种情感的共鸣。这里的气氛，可以是活泼的，可以是热烈的，可以是庄严的……那么怎样营造这种氛围呢？

1.酝酿浓厚情感，以情动人

当然，以情动人除了要求演讲者自己要动真情之外，还要求演讲者善于将自己的真情实感淋漓尽致地表达出来，迅速激起对方的共鸣。演讲者必须善于体察对方的心境，用饱含浓情的言辞去拨动对方的心弦。

2.敢于打破定式，善于标新立异

人都是有好奇心的，如果在演讲中加入一些能满足人们好奇心的因素，那么，势必能营造出良好的演讲氛围，为此，你

需要做到打破常规，标新立异。但前提是你需要尊重文化传统和思维习惯。

3.给听众看一场"秀"，营造出亲切可信的气氛

生活中，我们经常会看到一些减肥产品的宣传者当众说："站在你们面前的这个美女，她才45公斤，但你们知道吗，她曾经是个重达65公斤的'圆球'！假若有人需要减肥的话，其实是一定办得到的。相信你们也一定能行！"

此话一出，听众肯定会翘首以待听他的"减肥真经"。可见，有时候，演讲的真正含义，并不完全在"讲"，还在于"演"。如果能给听众一场秀，与听众互动，就会给听众以亲切、真实、可信之感，这样调动起听众的热情，也就自然增强了演讲的感染力。

演讲者要"营造气氛"，让听众跟随你的意志走，只有从主题出发，结合现场的具体情境，针对听众此时此刻的心态和情绪，灵活地调动种种语言才能达到如此效果！

分享自己的经历，增强说服力

很多时候，人们演讲的目的是激发听众的热情和积极性，然而，再多空洞的语言也不如一个鲜活的案例来得奏效。这就

是典型案例的作用，典型案例可以达到以少见多、以小见大、深刻有力的演讲效果，不但能让演讲在内容上充实有力，更能让演讲简洁精练。作为听众，对那些遥不可及的案例有时候并不信服。我们在演讲的过程中，若希望自己的演讲更有激励性，不妨说说自己的亲身经历，说说自己是如何做的。这一新颖生动的材料，能够充分调动听众的兴趣，引发听众的想象力，并且可以使演讲声情并茂，增加表达的感染力，让听众耳目一新。

托尔斯泰说："真正的艺术永远是十分朴素的、明白如话的、几乎可以用手触摸到似的。"作为演讲者，从自身角度出发，告诉听众自己是如何做的，往往更有说服力。

在提到如何提升销售业绩的时候，刘宇都会拿出自己当年做销售员时候的真实案例与大家分享。有一年，他演讲的中心是"人际关系在销售过程中的重要性"。

他讲道："很多同事问我，到底怎样才能把车卖出去，到底怎样才能在茫茫人海中找到客户？这里，每个人都有自己的方法，但作为我个人来讲，提到业绩，我就不得不想起一些朋友，在这里，我由衷地感谢他们。可能你们会问我为什么要这么说，你们还记得吗？当初刚来公司的时候，我的主要工作是推销汽车。那时，你们问我为什么总是工资不够花，那是因为不是今天这个同学结婚送礼，就是明天那个朋友家里需要钱。

但正是这些付出，才有今天的成就。正是这些朋友帮了我。有一次，我翻看了一下以前的业绩表，我发现，里面的客户大部分都是我的客户，而剩下的也是我的朋友介绍的客户。可以说，这些年，我的成就都是我这些朋友的功劳。我常常和那些销售新手说，与其在外面辛苦地寻找客户，还不如从身边的人开始挖掘，只要我们经常和这些朋友联系，同学有事要主动帮忙，多关心他们，那么，他们一定很乐意为我们的业务提供帮助。"

当刘宇说完这些，台下响起了一阵阵热烈的掌声。

这里，已经升为领导的刘宇在公司年会上发表演讲，对于如何提高销售业绩这一问题，他并没有长篇大论地阐述销售专业知识，而是告诉下属自己是如何做的，让下属自己得出结论——重视人际关系，将有助于提升销售业绩。

那么，具体来说，我们该如何，谈自己是如何做的呢？

1.告诉听众你的态度

举个很简单的例子，开会时，如果没有一个强硬的反对者，你只要轻松地说一声："已经决定好了。"事情就可以顺理成章地决定了。"已经决定好了"这句话就是一种"提前暗示"。尤其对那些没有明确想法、头脑像白纸一样的人，要让他们赞成自己，"提前暗示"是极其有力的武器。

我们在演讲的时候，若希望听众接受并按照我们的意图执

行，我们就可以事先告诉听众我们的态度以进行暗示。

2.以激励代替命令

现实生活中，一些人在演讲的过程中，希望听众能参与进去，或者希望听众按照自己的想法做，就告知听众："你必须……"或者"你最好……"而实际上，人们对于一些命令式的工作都缺乏干劲，因为在人的潜在心理中，没有一股强烈的"达到欲望"。而当这种强烈的欲望起作用时，他本能地就会想办法促使这项工作完成。聪明的演讲者则会说："如果是我……这样的话就比较简单了。"当听众得到这样潜在的鼓励后，自然愿意与你合作。下属得到这种潜在的激励后，自然会使出浑身解数，完成目标。

在演讲的过程中，无论是提出目标还是激励听众，告诉听众自己是如何做的，都会产生一定的积极意义。

如何抓住听众的注意力

我们都知道，在演讲中，是否能带动听众的兴趣和情绪决定了整场演讲效果的好坏。那么，怎样抓住听众的注意力呢？

"按照军事部门预测的，在原子战争的头一夜，在美国会有两千万人遇害。"

"在几年前，史哥利·霍华德报纸花费176000美元做了一项关于零售商店的哪一方面是顾客所不喜欢的调查，到现在为止，这大概是做得最科学、费用最昂贵和最彻底的一项数据调查了，这项问卷被送往了16个不同城市的54047个家庭。这项调查中的某个问题就是：'你不喜欢本镇商店的什么地方？'"

"针对这一问题，快过半的答案都是一样的：无礼的店员！"

这场演讲的一开始是震撼人心的，所以能激起听众的共鸣，这一种"震撼技巧"，就是利用出人意料的方法来达到获得听众注意演讲题材的效果。

在华盛顿，有一位女学生梅格·席尔，就通过这种方法引发了听众的好奇心：

"有整整10年的时间，我都是一名囚犯，我并不是待在真正的监狱内，而是处于自己所建造的总是忧虑自己不够好或者害怕批评而筑起的心灵监狱中。"

当然，用这种惊人的开场白还要注意一些问题，那就是别真的"惊"到了听众——过分耍噱头。据说，在美国，有个演说者居然在开讲前真的对天空放了一枪，他确实引起了听众注意，但是也引发听众的恐慌，自然无心听他演讲。

具体来说，我们可以运用以下几种方法来激发听众的兴趣。

1.请求听众举手作答

这是一种很好的方法，能引起听众的注意和兴趣。卡耐基在谈到"如何避免疲劳"时，他是这样开口的："让我们来举手看看，在座的各位当中大概有多少认为自己在疲倦之前是必须早早地休息的？"

记住这一点：在请听众举手以帮助我们做调查时，应先给听众一些提示，让他们知道你要这么做。不要一上来就劈头盖脸地问："你们当中有多少人是相信所得税应该降低的？让我们举手瞧瞧。"而应该换成这样的表达方式："我想请各位举手回答一个对各位而言十分重要的问题。问题是这样的：'在你们当中有多少人相信货品赠券对消费者有好处？'"这样能让听众做好回答的心理准备。

请听众举手的技巧其实就是请听众参与到你的演说中来。一旦你使用了这一技巧，你的演说就不是你个人的事情了，听众早已参与其中了。当你问道"你们当中有多少人，在认为自己该疲倦前就早早休息了"时，每个人都开始认真地把这一题目放置到自己身上，看看自己的情况到底是怎样的。当他在获得肯定的答案后，会举起手来，此时，他也会四下看看有谁是和自己一样也举起手的，然后他会对自己旁边座位上的小姐或者先生报以微笑，顿时，原本冰冷的气氛就打破了，而身为演说人的你也能轻松一点。

2.告诉听众他们如何做就能获得他们想要的结果

还有一个百试百灵的方法，能让听众密切关注你的演讲，那就是告诉听众，如果他们按照你的建议去做的话，能获得什么好处或者可以获得他们想要的结果。下面是一些案例：

"我要告诉各位怎样防止疲劳，怎样让自己每天可以多1个小时的好精神状态。"

"我要告诉各位怎样从实质上提高收入。"

"如果各位听我讲10分钟，我承诺各位一定会学到一个能让自己更受欢迎的方法。"

这种承诺式的开场白一定会引起听众的注意，因为它关系到听众的自我关注意识。然而，一些演说者似乎总是忽略应将自己的演说题目与听众的兴趣联系起来，而总是说一些无趣和无关紧要的开场白、啰唆地大谈背景，却忘记了自己的本来目的。

3.使用展示物

想直截了当地吸引人们的注意力，最为简便的方法大概也就是直接将某件东西举起来，让人们看到它。无论你的台下坐的是谁，他的注意力都会瞬间被你这一举动吸引。

如果你的听众都是严肃的，这一方法也能对你起到作用。例如，费城的艾利斯先生在一次演讲时，刚开始的时候，他就用自己的拇指和食指握住一枚硬币，然后高高举起，举到高过

肩膀的位置，在场的每一位听众都看着他，此时，他开始说：

"有没有人在人行道上捡到像这样的一枚硬币？它上面说，只要是捡到这种硬币的人，都是幸运的，因为你能在房地产开发上得到很多优惠政策，当然，前提是你要把这枚捡到的硬币交给主办的公司……"接下来，艾利斯先生开始谴责这种行为，指出其是错误和不道德的。

以上几种方法，可以被单独使用，也可以结合在一起使用，总之，你要认识到自己的开场白是否讲得好对后面听众是否接受你的演讲内容起着决定性的作用。

在演讲中，能吸引听众注意力的方法有很多种，可以以惊人的事件为开场白，也能请求听众举手回答，还可以使用展示物等。这些方法都能使平淡的演讲更有趣味，从而活跃演讲氛围，获得更好的演讲效果。

把情感融入演讲中，才能打动听众

我们都知道，演讲者发表演讲的目的，就是要吸引、说服、鼓动、感召听众，也只有能引起听众共鸣的演讲，才是成功的演讲。而如何才能打动听众呢？关于这一点，很多成功的演说家认为，从听众的角度说话，把听众内心的情绪激发出来很重要。因为人们都有这样的心理，在与人交谈的过程中，如果对方能感同身受，他是愿意接纳对方的。因此，作为演讲者，如果想你的演讲能发生效力，且非要将你的话一吐为快时，你在演讲的时候就不应该单是报告一些事实，还该把自己的情感注入到演讲中，并站在听众的角度说话，用真情实感打动听众。

福胜·J.辛主教是美国一位很有权威的演讲家，在他的《此生不虚》一书里有这样的片段：

"我被选出参加学院里的辩论队。就在圣母玛丽亚辩论的头一天晚上，我被我们的辩论教授叫到了他的办公室内，然后我就被训斥了一顿。

"'你就是个名副其实的饭桶！自从我们学院创办以来，还没见过你这么糟糕的演讲者！'

"'那，'我说，我想为自己辩护，'我既是这样的饭桶，为什么还要我进入辩论队？'

"'因为你有思想，而不是因为你会演讲，去，到那边去，把演讲稿中的一段抽出来，然后再讲一遍。'于是，我按照教授的话，把一段话反反复复地讲了1个小时，然后他问我：'看出其中的错误了吧？''没有。'接下来，又是1个半小时，最后，我实在没力气了，教授问：'还看不出错在哪里吗？'

"过了这两个半小时，我找到了问题的关键。我说：'现在我知道了，我的演讲没有诚意，我只是纯粹地背诵演讲词，我心不在焉，没有表达自己的情感。'"直到这时，博学的教授才说："现在，你可以讲了！"

经过这一件事，福胜·J.辛主教学到了永生难忘的一课：要让自己沉浸在演讲中。因此，他开始让自己对演讲题材热心起来。

可见，在演说中，描述某个事件时，你的动作和情感越丰富，就越能给听众留下深刻的印象。如果你不能饱含热情来演讲，那么，即便你演讲得再细致，也是起不到任何作用的。

那么，我们该怎样把情感融入情感，打动听众呢？

1.选择让你愿意倾注热情的主题

我们都希望自己演讲的话题能调动听众的兴趣，但并不是只要我们愿意去谈，就一定能让听众感兴趣。举个简单的例子，如果你是主张自己动手的人，也是这么做的，那么，你可以向听众谈谈洗盘子。但假如你一点也不愿意这样做，你能确定自己一定能把这个话题说好吗？但是，我们可以确定的是，作为一个家的主管——那些家庭主妇却能把这个问题说得很精彩，她们每天有洗不完的盘子，她们总希望能找到新的方法来代替自己去做这个工作，她们也可能很恼火为什么自己要洗盘子，但无论怎样，她们对这一题材绝对更有发言权，所以，她们可以就洗盘子的题材说得头头是道。

你可能会问，怎样的题材才是合适演讲的题材？这里，有个最为简单的方法，你可以问问自己，在演讲的时候，如果有人站出来反对你的观点，你是否有勇气辩驳或者说有100%的信心为自己辩护，如果你有，那么，这一题材就是绝对合适你的。

2.让你的声音展现生命力

不得不说，随着年龄的增长，不少人都失去了年幼时的纯真和自然，与人说话、沟通也都陷入模式化之中，变得没有生气。但如果你希望成为一名好的演说者，就不能拒绝吸收新的词汇，或者吸收新的表达形式。

3.叙述时让经验重现

我们在演讲时还可以详细描述，让当时的情境再现。我们可以将"表演"称为演讲的姐妹艺术，任何一位演讲高手身上其实都能找到表演家的天赋，这并不只是那些善于雄辩的辩论家身上所特有的，在我们周围很多人身上都有，他们在说话时面部表情很丰富、脸部和手部动作多种多样。我们生活中的大多数人都能学会这样的技巧，只要稍加练习即可。

你想描述一场火吗？那么，不妨把消防队与火焰搏斗时的紧张、激烈和焦灼感表达出来并传递给听众。你想展现你和邻居曾发生过的一场争吵吗？将事件再现并戏剧化。你想展示溺

水时在水中挣扎的惊恐吗？那就让听众也感受到人在即将死亡时内心的恐惧和绝望吧！

4.以"情"动人

（1）坦露心声，真情动人。

俗话说：言为心声。在演讲中，如果演讲者的话出自内心，发自肺腑，有自己的真情实感，那么，听众的情感之弦就更加容易被拨动，演讲者和听众的共鸣就会更强烈，听众也就更加容易接受演讲者所表达的观点。

（2）适时评述，激情动人。

激情，是情感的瞬时爆发，是最能够打动听众、征服听众的。适时地对演讲材料进行充满激情的评述，表达自己的意见，抒发自己的感情，是让观点深入人心、引起共鸣的又一妙招。

（3）铺陈渲染，豪情动人。

在演讲中，利用铺陈渲染方法为演讲的主题"蓄势"，可以激起听众强烈的共鸣，把演讲推向高潮。尤其在表达理想、志向和成长感悟时，运用铺陈渲染能收到节奏和谐、情绪激昂、语气磅礴的表达效果，给人一种积极向上、气势恢宏、壮志豪情的美感和震撼，更容易以豪迈的情感和气势征服听众。

"感人心者，莫先乎情。"成功的演讲离不开"情"，情感在演讲中就像桥梁一样，连接着演讲者和听众的心。以

"情"动人心，就要求演说者站在听众的角度说话，这样的演讲才更耐听！

想听众所想，说听众所说

所有演讲者都希望自己在演讲时获得听众的认可和参与，但任何人都不会支持那些站在自己对立立场上的人，因此，我们首先要考虑的一点是要站在听众的立场演讲。可以说，演讲者最致命的缺点就是信口开河，不加考虑。然而，演讲中，这样的人大有人在，他们往往只顾表达自己的想法，寻找话语倾泻之后的快感，追求"一吐为快"，却不考虑听众的立场、观念和性格感受，从而引起听众的逆反情绪。

可见，演讲中，仅仅寻找听众感兴趣的话题是不够的，要想真正赢得听众的认同，一定要学会站在听众的立场说话。为此，你需要做到以下几点。

1.演讲要有耐心

耐心地演讲，不仅有利于听众听懂你的意见，更能让你慢条斯理地厘清思绪。生活中，不少人因为没有花时间系统地质疑自己的先入之见而身陷糟糕的演说中。心理学家把这种急切的心态称为"确认陷阱"——他们没有去寻找支持自己想法的

证据，同时又忽视了那些能证明相反意见的证据。

2.演讲中多与听众沟通

向听众询问意见，能带动听众认真倾听你的演讲，尤其是当听众默不作声或不愿意参与互动的时候，可用询问的方式引出听众真正的想法，了解听众的立场以及听众的需求、愿望、意见与感受，并且运用积极倾听的方式，来诱导听众发表意见，进而对自己产生好感。

总之，演讲绝不是嘴唇上下碰撞的简单动作，而是一个人综合素质的体现。在我们演讲之前，一定要进行充分的考虑，了解哪些话应该说，哪些话不该说，该怎样说话才是站在听众的立场上的。

演讲中，我们应当把自己和听众所处的位置关系交换一下，站在听众的立场上，以听众的思维方式或思考角度来考虑问题和说话。这样，多为听众考虑，听众会觉得你在为他着想，自然就会臣服于你的真情实意。

第 08 章

巧用修辞，让你的演讲更有吸引力

在演讲过程中，演讲者要善于用修辞手法来阐述自己的观点。演讲本身就是一门口头语言艺术，善用丰富灵动的语言技巧是赢得听众青睐的重要手段。在实际演讲中，如果可以借助修辞技巧来展现语言的表现力，那就可以更好地感染现场的听众。

运用排比加强语势，强调演讲内容

现实生活中，很多情况下，人们在公共场合进行演说，所要达到的目的都是让自己的言语产生震撼人心的作用，从而让听众信服，而要达到这一目的，平铺直叙的语言会显得苍白无力，此时，修辞手法的运用就必不可少。而在众多的修辞手法中，排比的运用更能达到营造语言气势的目的。

所谓排比，指的是由三个或三个以上结构相同或相似、内容相关、证据一致的短语或句子排列在一起，用来加强语势、强调内容、加重感情的修辞手法。

运用排比能让我们的演说语言显得气势磅礴、层次分明、富有节奏感，演讲者演讲时能朗朗上口，听众听起来心旷神怡，能获得好的演讲效果。排比的种类有成分排比、分句排比、单句排比和复句排比。

我们来看下面一个故事。

有个倒卖香烟的小贩在集市上滔滔不绝地大谈抽烟的好处。

当他兴致正高时，突然间，从听众中走出来一位老人，连

声招呼也不打，就走到台上非要讲一讲不可。那位小贩毫无精神准备，不禁吃了一惊。

老人在台上站定后，便大声说道："女士们，先生们，对于抽烟的好处，除了这位先生讲的以外，还有三大好处哩！我不妨讲给大家听听。"

小贩一听见老人说的这话，转惊为喜，连忙向老人道谢："谢谢您了，老先生。我看您的相貌不凡，说话动听，肯定是位学识渊博的老人，请您把抽烟的三大好处当众讲讲吧！"

老人微微一笑，立刻讲起来："第一，狗见到抽烟的人就害怕，就逃跑。"台下的人很是莫名其妙，小贩则暗暗高兴。"第二，小偷不敢到抽烟人家里去偷东西。"台下的人连连称怪，小贩则喜形于色。"第三，抽烟者永远年轻。"台下一片轰动，小贩则满面春风，得意扬扬。

然后老人把手一握，说："女士们，先生们，请安静，我还没说清楚为什么会有这样三大好处呢！"

小贩格外高兴地说："老先生，请您快讲呀！"

"第一，在抽烟的人中驼背的多，狗一看到他们以为拾石头打它哩，它能不害怕吗？"台下发出了笑声，小贩则吓了一跳。"第二，抽烟的人夜里爱咳嗽，小偷以为他没有睡着，所以不敢去偷东西。"台下一阵大笑，小贩则大汗直冒。"第三，抽烟的人很少有长寿的，所以永远年轻。"台下一片哗然。

倒卖香烟的小贩赶紧偷偷溜走了。

这里，老人为了制止小贩兜售香烟的不当行为，没有直接上台与小贩对峙，而是"曲线救国"，并在演讲的过程中，运用了三个极妙的排比句，步步深入地对小贩的言论进行反驳，理亏的小贩能不溜走吗？

当然，演讲中，排比句的运用，也不是多多益善的，需要注意场合与语境。具体说来，我们需要注意以下几点。

1.以实际需要为出发点

你不能为了追求演讲语言的形式美而勉强去拼凑排比句，否则会适得其反。

2.灵活选择排比的形式

无论是词的排比、句的排比、段的排比都是可用的形式，不必拘泥于其中一种。

3.掌握使用的度，适可而止

不要因为排比能加强语势，便处处用排比，必须掌握一个度，适可而止。

总之，演讲的语言要做到引人入胜，就必须气势磅礴，而排比是最能提升语言气势的修辞手法。可以让听众感受到一种气势如虹的语言力量，进而使得我们的语言更有威信。

比喻修辞，让语言表达更绚丽

中国是一个语言文化知识底蕴丰厚的国家，自古以来，人们就善于将平淡无奇或晦涩难懂的语言经过修饰后变得形象生动或易于理解等。然而，不少有演讲经历的人都抱怨："这年头，说话难，在众人面前说话更难！"的确，那些不会说话的人，通常在演讲的时候，语言干涩无味，让人听之昏昏欲睡，更没有与之交谈的欲望。而如果我们能巧妙运用比喻的修辞手法，就能立刻让我们的表达绚丽起来。

那么，什么是比喻修辞呢？

著名文学理论家乔纳森·卡勒认为，比喻是认知的一种基本方式，通过把一种事物看成另一种事物而认识了它。也就是说找到甲事物和乙事物的共同点，发现甲事物暗含在乙事物中不为人所熟知的特征，而对甲事物有一个不同于往常的重新认识。

例如，在莫里哀的喜剧《太太学堂》里，阿南解释人为什么"吃醋"，为什么生气："我给你打个比喻，你就清楚了。你端着一碗汤，来了一个饿鬼，要喝掉你那碗汤，同样，女人就是男人的汤。一个男的看见别人想尝尝他的汤呀，马上就大发雷霆。"

佛说法，经常妙用比喻，甚至有《百喻经》传世。可见，比喻在语言中的运用之多。我们先来看下面一个演讲故事。

程龙在一家建材公司工作，他来公司不到一年，就已经升职为采购主管。在公司的年会上，他被同事推举到讲台上讲授工作经验。

程龙明白，这种场合下，开口必须特别，才能博得满堂彩，于是，他说："今天我们已经算幸运的了，可以在这个豪华的酒店里享用美酒美食，而平时呢，我们的情况是：出门是兔子，办事是孙子，回来是骆驼。"

在场的所有同事听完后，哈哈大笑。

很明显，故事中的程龙在演讲时之所以能博得同事一笑，是因为他那句颇有意蕴的比喻句："出门是兔子，办事是孙子，回来是骆驼。""兔子"是指出门为了抢时间赶车赶船跑得快；"孙子"是指为了买到所需货物不惜请客送礼，低头哈腰地向人家求情；"骆驼"是指回来的时候不仅要办好货物托运还要给老婆孩子买东西，负载很重。他用形象的比喻说明采购工作是个吃苦受累的活儿，让同事产生了共鸣。

那么，在演讲过程中，我们该怎样运用比喻这一修辞手法呢？

1.要充分发挥我们的想象力

张爱玲的《红玫瑰与白玫瑰》中有这样一句话："娶了红玫瑰，久而久之，红玫瑰就变成了墙上的一抹蚊子血，白玫瑰还是'床前明月光'；娶了白玫瑰，白玫瑰就是衣服上的一粒

饭渣子，红玫瑰还是心口上的一颗朱砂痣。"

这里，"红玫瑰"与"白玫瑰"之间的不同，通过这一巧妙的比喻，就显而易见了。但没有异乎寻常的想象力，是无法获得这一表达效果的。

我们在演讲时的语言之所以会平淡无奇，是因为我们束缚了自己的思维。而假如我们能在语言的训练中，转换角度分析，如可以从意义方面入手，也可以从形式方面入手；可以着眼于词语，也可以着眼于句式。这样，我们会发现，同样一句话就会出现完全不同的表达效果。例如，演讲中，我们原本想赞美某个听众年轻美丽，通常会说："您皮肤真好……"但也可以这样说："我终于知道为什么人们会有'剥了壳的鸡蛋'这一说法了，原本还以为是夸张呢，今天算是见识到了。"后者运用的就是比喻的修辞手法，这样表达，更显得动听。当然，我们表达之前，最好做一番铺垫，否则显得唐突。

2.灵活运用，随机应变

生活中，有些人个性害羞内向，在公共场合不敢开口，更别说灵活运用语言的艺术。一句话在普通的场合和演讲场合所产生的效果是不同的，如果不能妥善运用，随机应变，就无法发挥比喻修辞的妙处。

另外，我们运用比喻这一修辞时，需要注意以下几个方面。

（1）喻体必须使受方清楚，一般要常见、易懂。但在演讲中要会顺势而为，能及时从对方的信息中把握机会，创造突如其来、具有想象爆发力的比喻。

（2）比喻要贴切。必须对喻体和本体的共同点做认真的分析概括。

（3）比喻要注意思想感情。感情色彩不得体，语言表达就失去了光彩。

我们在表达的时候，若能正确运用比喻的修辞手法，一句干涩的语言就会顿时形象、生动起来！

适度的夸张，形成强烈的对比效果

生活中，我们常有这样的经历：当自己穷困的时候，你可能会说"身上一毛钱都没有了"；当描绘某人又高又瘦时，你说他像根"竹竿"；当向医生诉说你的病情时，你说发高烧，全身就像被"烧着"一样烫。怎么可能真的一毛钱都没呢？那人果真高瘦得像竹竿吗？全身发烧真的是被火烧了吗？显然是言过其实了。但是，这种言过其实，在听者看来却并不觉得是虚假的，相反却加深了印象，这便是语言表达夸张的技巧。同样，在演讲中，我们也可以运用这一语言技巧。

所谓夸张，就是在尊重客观事实的基础上，故意言过其

实，夸大或缩小人或事物的一些特征，形成强烈的对比效果。

　　修辞上的夸张的最大特点是"言过其实"。事实上语言表达不管夸张到什么程度，都要在本质上符合事实或者说它需要具备这样的品质与本领——本质上符合事实，表述上言过其实。如人们读到李白"飞流直下三千尺，疑是银河落九天"的诗句时，都能体会到庐山瀑布那从天而降的气势，因为夸张手法的运用，让这瀑布的美震撼人心。

　　不得不说，在演讲中，夸张能使人或事物的形象或特征更加突出，给听众的感觉也会更加强烈，从而使他们受到演讲者话语的感染而投入更多的注意力。

　　夸张可分为三类，即缩小夸张、扩大夸张、超前夸张。

　　1.缩小夸张

　　故意把客观事物说得"小、少、低、弱、浅……"的夸张形式。例如，一个浑身黑色的人，站在老栓面前，眼光就像两把刀，刺得老栓缩小了一半。

　　2.扩大夸张

　　故意把客观事物说得"大、多、高、强、深……"的夸张形式。例如，蜀道之难，难于上青天。

　　3.超前夸张

　　在时间上把后出现的事物提前一步的夸张形式。例如，农民们都说："看见这样鲜绿的菜，就嗅出白面包子的香味来了。"

夸张的作用有以下几点。

（1）揭示本质，给人以启示。

（2）烘托气氛，增强感染力。

（3）增强联想，创造气氛。

夸张是言过其实的，但为什么听者不觉得它虚假呢？因为夸张能突出事物某一性质较合理的地方，而且它常常与比喻、比拟等技巧结合在一起，听者心里自然有数。

演讲时，合理地运用夸张技巧，可以揭示事物的本质，既能加强演讲的感染力，又能触发听者的想象力。

古人云："俗人好奇，不奇言不用也。故誉人不增其美，则闻者不快其意；毁人不益其恶，则听者不惬于心。闻一增以为十，见百益以为千。"这句话告诫我们，演讲中，在运用夸张这一修辞手法时，需要注意以下几点。

（1）夸张虽可言过其实，但不是浮夸，不能哗众取宠，更不能无中生有、信口开河。它必须以客观事实为基础，反映客观事物的本质特征。它之所以言过其实而又不虚假，其原因就在于凸显了事物的某一部分性质，不似真实而又胜似真实。

（2）要注意分寸，要让听者知道你在夸张而不是写实；不要单纯为了猎奇而强行夸张，在做报告时，或介绍经验等场合就不能随意运用夸张技巧。

总之，运用夸张的表达技巧，能起到加强语气的效果，但演讲者在运用夸张修辞时，要以客观实际为基础，在不失去真实感的前提下进行夸大或缩小，绝不能无中生有，信口开河，把事物夸张得过分了。夸张也必须结合特定的目的与场合而用，在普通场合可以活跃气氛，增加谈话趣味。但在严肃场合，不宜用夸张的语句。

对照和对偶，让语言妙趣横生

当今社会，口才对于一个人的重要性早已毋庸置疑，而演讲更是考验口才的重要方面，然而，我们发现，一些缺乏经验和技巧的演讲者在演讲的时候总是缺乏条理、思维混乱、词不达意。其实，语言表达是有技巧的，它往往注意和看重修辞格的运用，其中就包括对照和对偶，它们使得我们的语言表达更有效。

演讲中，懂得运用对照和对偶的修辞技巧，会让听众更显而易见地理解你的观点，会让你平淡无奇的语言顿时趣味横生，进而让你迅速提升演讲语言的魅力！

1.对照修辞手法

对照，是把具有明显差异、矛盾和对立的双方安排在一起，进行对照比较的表现手法。运用这种手法，有利于充分显示事物的矛盾，突出被表现事物的本质特征。

从构成的方式看，对照有两种情形。

（1）反面对照。

（2）反物对照。

对照还有反差的意思，使相反或相对事物的特征或本质凸显出来，更为鲜明突出。

例如："你命好，有儿子孝顺；我呢？我得孝顺儿子。"这种语义的倒置产生了强烈的幽默效果。

鲁迅在《战士和苍蝇》一文中这样写道："有缺点的战士终究是战士，再完美的苍蝇也不过是苍蝇。"这里鲁迅把"战士"和"苍蝇"拿来比较，犀利地讽刺了那些诬蔑革命者的所谓正人君子，以坚定的决心支持着那些投身革命的勇敢战士。

可见，把两种不同事物或同一事物的两个不同面貌放在一起相互比较，可使事物的性质、状态和特征等更加凸显，并且鲜明地表现出说话人的立场和观点。

2.对偶修辞手法

对偶指成对使用的两个文句"字数相等，结构、词性大体相同，意思相关"。这种对称的语言方式，形成表达形式上的整齐和谐，内容上的相互映衬，具有独特的艺术效果。

对偶以它那严谨、对称的结构以及语音抑扬顿挫的美感，

使我们的演讲内容产生一种引人注意、发人思考的力量。

当然，任何一种语言表达的技巧都是在长时间的说话过程中逐渐形成的，我们必须不断训练。

总之，公共场合参与演讲，要想让听众接受你的观点，就要有驾驭语言艺术的能力，否则，对方即使理解你的意思，也会轻视你的水平。说不定对方的内心已经同意你的想法，而表面上却与你争论不休。对照和对偶的修辞技巧是很有效的，灵活运用它们，能凸显我们演讲观点的正确性，进而让听众认同。

妙用设问，让听众理解演讲意图

在修辞手法中，先提出问题再回答，就叫作设问。

设问就是明知故问，自问自答。正确地运用设问，能引人注意，启发思考；有助于使演讲层次分明，结构紧凑；可以更好地阐述人物的思想活动；突出某些内容，使语言起波澜，有变化。

我们来看下面一个演讲故事。

一个科学会议的主持人对现场在座的科学家说："上级领导同意这次我们提出的方案，并赠给大家十六个字：严肃认真，周到细致，稳妥可靠，万无一失。"

听完主持人的话，在场的科学家一下子觉得压力很大，有的人甚至还倒吸了一口气。

目光敏锐的主持人觉察到了科学家们的心思，便立即解释道："什么叫作'万无一失'？就是把想到的、发现的问题都解决掉。没有发现的、解决不了的，是吃一堑长一智的问题。扛枪还有卡壳的时候呢，别说个别小问题了。放心吧，只要大家认真做了，出了什么问题，有领导负责，有我负责！"

通过主持人的一席话，完全解除了科学家思想上的沉重包袱。

主持人的这番话值得推敲。一开始，主持人就切中要害，抓住科学家担心的问题，也就是"万无一失"。接着，他并由此设问，以问题引路，自问自答，引出一段解释，从而清楚地消除了听者的顾虑。

可见，善于设问，往往能够切中要害，更有效地解决问题，从而收到理想的效果。

设问，是一种常见的修辞手法，常用于表示强调。为了强调某部分内容，故意先提出问题。所以，每一位预备当众演说的人，都应该学习如何运用设问的修辞来增强语言的效果，为此，在演讲中，可以使用以下做法。

1.先提问再回答

设问是无疑而问，演讲者自问而自答。设问用得好，能引人注意，诱人思考，把演讲内容变得更加吸引人。设问是一种

启发性的语言艺术。设问的另一个作用是让听众产生悬念，就是引起听众一种欲知究竟的愿望。

2.设问要巧妙

你所问的问题要巧妙，要顺理成章，做好铺垫，引人入胜，最后一语道破玄机，否则就有故弄玄虚之感。这就好像相声里的"设包袱"，用跌宕起伏的情节，深深地吸引住他人，最后再"抖包袱"，起到画龙点睛的作用，让人感觉到强烈的语言效果，从而达到自己的目的。

3.可以先只提供部分的信息，吊足对方的胃口

有时候，你对别人说了上半句话，别人就想知道下半句。但是你突然停住不说了，那么对方就产生很强的好奇心，迫切想知道后半句到底是什么。我们在表达观点的时候，也可以留一部分，激发对方想要了解的好奇心。当这种好奇心在对方的心里不断地翻涌的时候，对方就会产生主动了解的欲望，此时，你再适时表明，对方一定会记住你的话。

当然，在运用这一修辞手法时，我们要把握整个演讲的进程，恰到好处地把握时间的长短，才能给人留下难忘、美好的印象。

设问是打开我们成功演讲之门的金钥匙，这种修辞手法，如果我们能在演讲时恰当利用，就能使听众产生一种听完后有所得的愉悦感，真切理解我们的意图。

一语双关，给听众留下深刻印象

中华语言文化，博大精深，很多语言具有多义性，如果在演讲中巧妙地运用这种多义性，演讲就可以达到出神入化的效果。一语双关，就是有意识地使用同一个词或者同一句话，在同一个言语环境中兼有两重意思。也就是利用语言的多义性，使讲话含义不仅表现在某个词或一句话的字面意义上，而隐含在这个词或这句话中的意思才是演讲者真正的表达意图。

通俗地讲，就是表面上说这件事，实际上是指另一件事。一语双关，对于提升语言的艺术表达力有着非常重要的作用，可使演讲简单明了，又含蓄自然、幽默风趣。

运用一语双关的修辞手法，要注意贴切，分清场合与语言环境，注意对方的理解能力，选择好内容与双关形式。如果运用不当，很可能导致双关艰深晦涩，落入低级趣味。

第 09 章

细节修饰，让你的演讲更有表现力

不管做什么事情，总是细节决定成败，做一场演讲也是一样的道理。在演讲中，我们要注意细节修饰，如发音、吐字等，多在这些细节上下功夫，抱持细节决定成败的理念，才能做好一场精彩的演讲。

语音训练，让你演讲"底气十足"

在生活中，我们经常说某人说话没有底气，那声音就好像是一个大病初愈的人发出来的，很小，而且没有张力。有的底气不足可以理解为"信心不强"，也就是对自己不够自信，不敢大声说话，属心理素质不强，有的底气不强则是身体因素造成的，也就是说，某些人说话底气不足是由于其生理原因造成的，可以通过科学的发声练习来纠正。

在健康咨询室里，收到了这样一封信：

医生，你好，我今年23岁了，是一位成年的男性。但一直以来我被一个问题困扰着，我身边的朋友以及家人都说我说话有气无力，跟我的年龄很不符合。年轻人不应该都是朝气蓬勃，声音响亮的，但我的声音为什么会这样呢？就连我自己都觉得声音很难听，十分沉闷，好像嗓子里有一层东西隔离在我的声带上一样。

我大学快毕业了，即将面临的就是工作问题。而对于任何一家公司或企业来说，有一种好的精神面貌是很重要的。我

本身性格外向，平时也很喜欢说话，但就是这声音听了让人恼火，我也知道这不是我刻意纠正就能改变的问题。因此，我想咨询，声音出现这样的问题到底是什么原因呢？是缺乏锻炼还是有病呢？我该如何努力才能纠正这样的声音状态呢？

其实，无论是这种需要求职面试的年轻人，还是需要到处进行当众演讲的公司职员，他们都很关心的问题就是自己的声音听起来是否底气不足。若是缺乏底气，那么自然不容易引起别人的关注，就好比你说破了嘴也没人会听，更别说会肯定你的演讲水平。实际上案例中求助者的问题是能够被解决的，只要进行一段时间的语音训练，就可以有效地改善声音底气不足的问题。

在发音过程中，气息是声音的动力来源。充足、稳定的气息是发音的基础，有的人说话声音洪亮、持久、有力，我们通常会说"底气十足"；反之，有的人说话声音很小，有气无力，上气不接下气，就好像蚊子嗡嗡叫一样，这样的人则是明显的"底气不足"。在发音练习中，所谓的"底气"其实是"中气"。之所以会出现这样的差别，除了身体素质的区别以外，还有就是气息技巧的问题，也就是呼吸和说话的配合、协调是否恰当的问题。

通常说话是呼气时而不是在吸气时进行的，停顿才是在吸气时进行的。若是长时间地说话或演讲，那就必须有比平时更强的呼吸循环。

在说话过程中，我们要处理好说话和呼吸的关系，就必须注意如下问题。

1.尽量放松

在呼吸之间，需要尽量轻松自如，吸气要快速，呼气要缓慢、均匀，而且吸入的气量要适中，太多会让你喘不过气来，太少了又不够用。

2.利于呼吸

不管是站着还是坐着，都需要抬头舒肩展背，胸部稍微向前倾，小腹内收，双脚并立平放。这样的姿势利于呼吸，你的发音部位，如胸、腹、舌都处于一个良好的准备状态中。只有呼吸通畅了，你的发言才会更流利。

3.自然停顿换气

说话过程中有自然的停顿地方，这时就应该自然地换气，不要说完了一长句话才大口吸气或呼气，这样说话很费劲。而且还要按照自己的气量来决定是否在那些较长句子的中间停顿，千万不要为了达到表达效果而勉强去做，这样只会适得其反。

在平时的生活中，我们都喜欢听那些饱满圆润、悦耳动听的声音，而讨厌那些干瘪沙哑的声音。若是当众演讲的场合，你更需要锻炼出一副好嗓子，练就一腔悦耳动听的声音，这是你演讲的必备条件。

朗朗上口，让演讲极富音乐感

演讲大多都是凭借有声语言来达到交流的目的，而语言表达则主要在于语音。有声语言借助语音的细微变化、语调语气以及停顿等一系列表达形式，使自己的言语表达更加准确、清新自然，同时还具备抑扬顿挫的音乐感，就像一个技艺高超的琴师，弹奏出悦耳动听的音乐，体现出语言的音律美与和谐美。有人说话比较注重声音的高低起伏、停顿转折，并且节奏分明，自己说起来朗朗上口，听众听起来也觉得悦耳动听。要想达到这样的效果，必须有效地掌握抑扬顿挫的语言表达技巧。

在演讲的时候，抑扬顿挫地讲话可以增强口语表达的感染力，从而达到吸引听众的目的，如果演讲者总是以一成不变的语调演讲很容易让听众觉得乏味。

那如何才能使自己的演讲变得抑扬顿挫呢？

1.注意重音

演讲时，我们经常会运用到重音，重音在生活中必不可少。例如，"这篇文章的大意是什么"，"大意"就是"大概"的意思，如果你在朗读的时候，把"意"轻念，那就会让听众认为是"粗心"的意思。

重音不但能使声音高低起伏不断，还具有区别词意的作用，读重读轻表达的意思不一样。重音可分为三种：语法重音，如某个字它本来就应该重读，而当它在某个句子里的时候，就应该读出重音来；逻辑重音，在公开演讲时，肯定有一部分的内容是比较重要的，这时候就需要根据说话的内容和重点自己确定重音的读法；感情重音，要表达强烈的感情或细微的心理需用到感情重音。

2.适当停顿

演讲时不仅要让你的声音有高低起伏的音乐感变化，还需要有停顿转折的回旋变化，这样才能使你的演讲听起来抑扬顿挫、悦耳动听。总的来说，停顿主要分四种，即语法停顿、逻辑停顿、感情停顿和特殊停顿。

除此之外，还需要我们在演讲的时候，把一些书面上的停顿快速连接起来，这就需要一定的连接力了。也就是，在书面上标有停顿的地方快速连起来，不换气、不偷气，一气呵成，如此说话可以渲染现场气氛，增强语言的气势。

要让演讲变得抑扬顿挫，极富音乐美感，其中的秘诀是有章可循的。善于抓住句子的重点来强调你所要表达的思想感情，注意重音，适合停顿，可以增强个人语言表达的感染力，表明话语中的轻重，从而达到抑扬顿挫的语言效果。

成功的演讲离不开"情"

我们都知道，感情是沟通的桥梁，要想打动对方，必须跨越这一座桥，才能到达对方的心理堡垒，进而征服对方。与人沟通，应推心置腹，动之以情，使对方感到你的劝告并不带有任何个人目的，没有丝毫不良企图，而是真心实意地帮助对方，为他的切身利益着想。这时，对方是愿意相信你的。

印度前总理英迪拉·甘地夫人本是个言辞不多的人，早年她有过一次演说的经历。

在那次会上，会议主持人突然告诉甘地夫人为大家讲话，这使得她慌张失措，因为原本的她只是在一次儿童时代的集会上讲过话，这种大型的演讲，她从来没参加过。她当时完全吓到了，甚至不知道说什么好，她清楚地记得台下有个醉汉对她嚷嚷："她不是在讲话，她是在尖叫。"听他这么一说，听众当然哄堂大笑。

谈到那次的经历，甘地夫人还很懊恼地说："那次演讲后，我发誓以后再也不在公众面前讲话了。"

但事后不久，甘地夫人又进行了一次很出色的演讲。

这场演讲在非洲，演讲之前，甘地夫人对工作人员说："噢，不行，我一句话也不准备讲，只有依了我这个条件，我才赴会。"

工作人员很吃惊，不知道甘地夫人要做什么，而此时，一切就绪，礼堂也准备好了。他们对甘地夫人说："不管怎么样，你总得坐在讲台上。"还说，他们会设法为甘地夫人的保持沉默做些解释。

据甘地夫人自己回忆说："那天的招待会在下午4点举行，整个上午我都在访问非洲铁路工人的生活区，那里的条件真是糟糕透顶，使我非常生气。招待会上，当宣布尼赫鲁小姐不讲话了的时候，我拍了一下桌子说：'我倒要讲讲。'"

甘地夫人这番话，让会议主席大吃一惊，愣住了，还没等他开口，甘地夫人已经站起来走到话筒面前，然后激动万分地讲起了班图人和其他人的生活条件。"我的讲话在非洲报纸上刊登了出来。第二天，无论我走到哪里，都受到人们的欢呼。女的过来吻我，男的同我握手……"

甘地夫人的这次演讲是很成功的，她成功演讲的诀窍不在于她的口才而在于她的感情，可以说，她是个不善言辞的人，但她的感情为她迎来了掌声。正义的甘地夫人在访问了铁路工人的生活区后，情绪上产生了很大的变化，正因为如此，她在发表演讲的时候，言语间代表的便是铁路工人的利益，是为他们说话的，本来没有很好口才的她，这回却得到了人民群众的拥护。

演讲中，如果一个人丝毫不顾及听众的感受，只是对自己

关心的问题侃侃而谈，那么，自然很难流露出自己的热情和激情，也就无法打动听众。反之，如果他能切身考虑到听众的利益，说听众想听的话，必会取得意想不到的结果。

那么，怎样才能做到这一点呢？

1.在你的语言里注入真诚

谚语说："真诚贵于珠宝，信实乃人民之珍。"要想自己的话语能够打动听众，就需要在话语里注满真诚，只有真诚才能打动人。如果你仅仅是几句花言巧语或者虚情假意地表达，往往令对方厌恶。

2.把话说到对方的心里

人都是有感情的，演讲能做到动之以情，晓之以理，就是最完美的沟通。我们在演讲时要注意听众的反应，学会从听众的反应中修正自己的话语，尽可能把话说到听众心里。这样才能真正地打动人。

3.站在听众的立场演讲

如果你在演讲时总是想着自己，光顾着自己，这样说出来的话是不会有感情的。因此，我们应该处处为听众着想，让自己站在听众的立场说话，这样说出的话才有感情，才能打动听众。

"感人心者，莫先乎情。"成功的演讲离不开"情"，情感在演讲中就像桥梁一样，连接着演讲者和听众的心。

昂首挺胸，展现强大气场

生活中，我们可能有这样的感触：在开会或者一些公共场合下，即便我们一本正经地谈话，或者端坐在最显眼的位置，大家对我们的话似乎还是很难提起兴趣，甚至昏昏欲睡；而如果我们站直身体，慷慨激昂地陈述着自己的观点，听众很快会被我们感染。为什么会造成这样完全不同的情况呢？其原因当然是多方面的，但我们不得不承认的一点是，挺直腰板演讲，往往更能表现演讲者的积极情绪，也更能打动听者。从心理学的角度看，演讲时，演讲者只有站立着、挺直腰板才能产生心理优势，更易让自己产生强大的气场。

那么，什么是心理优势呢？心理优势是一种内在自我的空间延伸，直接决定了一个人对周围人的影响力。尤其是近距离接触的存在着人与人交际的一切场合。你是一团火，旁边的人便感到热；你是一块冰，旁边的人便感到冷；你是一缕春风，旁边的人则感到舒适怡然。故我们要在人群中活得自由快乐，便首先要使自己具备一定的心理优势。

某班级上午要上两堂课。

第一堂课是数学课，授课的是张老师。张老师是一名教龄长达30年的老教师，对数学课本倒背如流，上课时他喜欢先带一把椅子，然后坐在讲台上，只有必须在黑板上写字的时候，

他才站起来。他的这种授课习惯导致很多学生昏昏欲睡，对此，张老师很愤怒。下课后，张老师把学生叫到办公室，说："我看你实在太疲累了，眼下高考在即，你必须调整好自己的状态。这样吧，老师让你干脆回家好好休息几天，再精神饱满地投入学习。"学生自然不肯，张老师坚持，学生只有流泪无语。

第二堂课是王老师的语文课，王老师是个精力充沛的年轻女孩，她一走进教室，先把椅子搬到讲台下面，然后开始上课。课上，她看见黑板没擦，就主动擦黑板，边擦黑板边讲课，并对学生说："今天的值日生可能太困了，今天老师替你值日了啊。"说完，学生都笑了，那个打瞌睡的学生也醒了。随后，王老师发现学生学习兴趣缺失，便在教室里边走动边讲课，打瞌睡的学生也一个个都清醒过来了。

这两个例子颇堪玩味。经过对比，我们发现，一个老师在上课时的姿态直接关系到学生的听课情绪，站立、走动着为学生讲课，更能带动课堂教学气氛和学生学习的热情。因此，作为一名教师，如果能改变一下自己的授课方式——多站立着授课，能有效地解决学生在课堂上昏昏欲睡的问题。学生的学习热情提高了，他便能做到不旷课，不迟到早退，上课守纪律。

的确，挺直腰板说话，能创造心理优势，但并不是所有的人都做到"站如松"，体现出自己的精气神，甚至有些人一站到众人面前，便畏畏缩缩，不知从何说起，这对他们的演讲效果是极为不利的。为此，你必须做到以下几点。

1.调整好自己的状态，底气十足

有些人，既想在众人面前谈论自己的观点，又怕被别人耻笑。于是，在这种左右矛盾的心理影响下，他们事先虽想好了许多话，可是一站在众人面前就全忘了，大脑彷佛一片空白。另外，当我们唯唯诺诺地站在对方面前的时候，人家也会认为我们心里没底，自然不愿接纳我们的观点。而假如他们在演讲前，先调整好自己的心态，主动营造成一种有利于自己的演讲氛围，那么，或许又是另外一种情况。

2.时刻保持良好的社交礼仪

中国是礼仪之邦，万事以礼相待，一个懂得礼数的人会做到"坐如钟，站如松"，由内而外散发出吸引人的气质，这类人往往也不缺朋友。

总之，演讲中，挺直腰板说话能为我们创造心理优势，让听众看见我们的良好素质和修养，从而愿意接纳我们的观点。

一些人在演讲中，总是表现得无精打采的样子，要么想寻找"一把椅子"，要么疲软无力，这些人是很难在演讲中成功影响听众的。你要想克服这一点，首先就要大胆站起来，并挺直腰板，让听众看到你的魅力！

注重眼神交流，观察听众反应

人际交流过程中，眼睛是仅次于语言的重要工具。人与人之间除了需要语言的交流外，眼神的交流是必不可少的。在人类的面部表情中，眼神是最为微妙复杂的，不管是用眼神表达信息，还是准确地理解别人的眼神所表达出来的信息，都非常困难。

心理学研究表明：人感觉印象的77％来自眼睛，14％来自耳朵，视觉印象在头脑中保持时间超过其他器官。由此可见，眼神交流有多么重要。像演讲这样短而集中的情感表达活动，怎么可能少得了眼神的参与呢？

那么，该如何在演讲中使用眼神呢？

1.尽量看着听众说话

看着听众说话的好处在于：能使听众看到你的目光，看到你内心的真情实感。一些优秀的演讲者，无论是脱稿演讲还是不脱稿演讲，都不会忘记和听众进行眼神交流。而另一些演讲者，在演讲的时候，或为了显示自己的地位，或紧张，他们要么仰视天棚，要么俯视地板，要么左顾右盼，东张西望，总是躲避听众的目光，显得很不庄重，很不礼貌。

当然，看着听众说话，并不是说你应一味直视，或者眼睛滴溜溜乱转，而应该将一双眼略向下平视，目光自然、亲切、专注，以吸引听众的注意力。

如果你是一个初次登台的演讲者，你在众人的眼神压力下，可能会感到不安，不敢看听众递来的眼光，那么你可以用目光虚视法，眼看着台下听众，却不把眼光停留在具体的人身上，做到"眼中无听众，心中有听众"。千万别因为紧张便不看听众，这样更会暴露你的紧张。

2.多和听众的目光构成实质性的接触

看着听众说话，有扫视和凝视两种。在演讲之初，或演讲之中，不妨有几次遍及全场的扫视，但绝大多数时间都应该凝视，这也就是实质性眼神接触。这样做，不仅能在无形中加深与听众间的关系，而且演讲者可以通过察言观色，于细微处接收到听众的信息反馈，掌握听众的表情和心理变化，以便随时调节演讲的内容，改善演讲的方法。

演讲时，眼光一般应正视，并要适当地配以扫视和环视，这样既显得庄重、严肃，又照顾了全面。不冷落任何一个角落里的听众，演讲时你的眼光不要老是盯着某几个人或某一小块地方的听众。目光停留时间过长、过多，也容易让人感到不自在，也让其他人觉得你仅是对着一小部分人演讲，厚此薄彼最易失去听众。

3.眼神的运用应丰富多彩

眼神的传递，旨在与听众交流情感，进行有效的信息传

播。但不同的演讲内容、不同的演讲受众、不同的场景等，所要传达的眼神是不同的，眼神的运用自然也是丰富多彩的。如果演讲者总是一种无动于衷的眼神，就会给听众一种麻木、呆滞的感觉，那就无法使听众"提神"、凝思。

演讲中，我们与听众的眼神交流非常重要。很多时候，眼神是无法掩饰的，因而往往更能真实地表达出一个人的品质、修养以及心理状态。演讲时如果你能在眼神中注入情感，听众将更易被你感染。

注意轻重缓急，让演讲错落有致

生活中，人们说话都有轻重快慢之分。一般来说，重要的词语或需要强调的内容说得重些，句子中的辅助成分或平淡的内容说得轻些。而对于演讲来讲，演讲者只有说话轻重缓急适宜，吐字清晰有力才能使语意分明，声音色彩丰富，语气生动活泼，语言信息中心突出，从而引起听者的注意，引导听者的思路，易于被人理解和接受。说话太轻，容易使听者降低兴趣；太重，容易给听者突兀的感觉。

要让演讲错落有致需要演讲者从语速、节奏、吐字三个方面努力。

1.语速

说话的速度叫语速。为了营造沉重的气氛，说话稍微慢点很重要。标准大致为5分钟3张左右的A4原稿。不过，此处要注意的是，倘若从头至尾一直以相同的速度来演讲，听众会昏昏欲睡的。

演讲的速率一般可分为快速、中速、慢速三种。

（1）快速用于叙述事情的急剧变化、质问、斥责、雄辩表态；刻画急促、紧张、激动、惊惧、愤恨、欢畅、兴奋……

（2）中速用于一般性说明和叙述感情变化不大的部分。

（3）慢速用于抒情，议论，叙述平静、庄重的事……

演讲要运用恰当的语速说话，这是控制语调的主要技巧。在需要快说时，语速流畅，不急促，使人听得明白；在需要慢说时，不能拖沓，要声声入耳。语速徐疾、快慢有节，才能使言语富于节奏感。听者处在良好的倾听环境里，才能不疲劳，感受语言的感染力。

2.节奏

除了语速，演讲的节奏也是关系成败的一个重要因素。人们在说话、朗读和演讲中，速度的快与慢、情绪的张与弛、语调的起与伏、音量的轻与重等，变化对比，就形成了节奏。节奏在口语中起着重要作用。

节奏不是外加的东西，它取决于演讲的内容和交谈双方的

语境，靠起伏的思绪遣词造句，靠波动的情感多层推进。

节奏主要表现人的心理活动的变化，不同的口语节奏具有不同的形象内涵和不同的感情色彩。适当的节奏，有助于表情达意，使口语富于韵律的美感，加强刺激的强度。

在演讲中，常见的节奏有持重型、轻快型、急促型、平缓型、低抑型等。

别忘了演讲中也有标点符号，适当的停顿不仅会显得张弛有度，同时能给听众提供一个理解回味的时间，集中他们的注意力。

3.吐字

演讲从口语表述角度看，必须做到发音正确、清晰、优美，词句流利、准确、易懂，语调贴切、自然、动情。

（1）发音正确、清晰、优美

以声音为主要手段的演讲活动对语音的要求很高，既要能准确地表达出丰富多彩的思想感情，又要悦耳动听，清新优美。为此，演讲者必须认真对语音进行研究，努力使自己的声音达到最佳状态。

一般来说，最佳语言有如下特点。

①准确清晰，即吐字正确清楚，语气得当，节奏自然。

②清亮圆润，即声音宏亮清越，铿锵有力，悦耳动听。

③富于变化，即区分轻重缓急，随感情变化而变化。

④有传达力和浸彻力，即声音有一定的响度和力度，使在场听众都能听真切、听明白。

演讲语言常见的毛病有声音痉挛颤抖，飘忽不定；大声喊叫，音量过高；音节含糊，夹杂明显的气息声；声音忽高忽低，音响失度；朗诵腔调，生硬呆板，等等。所有这些，都会影响听众对演讲内容的理解。

2.词句流利、准确、易懂

听众通过演讲活动接受信息主要诉诸听觉作用。演讲者借助口语发出的信息，听众要立即能理解。口语与书面语之间有较明显的差距。有人说，书面语是最后被理解的，而口语则需立即被听懂。

3.语调贴切、自然、动情

语调是口语表达的重要手段，它能很好地辅助语言表情达意。同一句话，由于语调轻重、高低长短、急缓等不同变化，在不同语境里，表达意思不同。选择运用语调，必须切合思想内容，符合语言环境，考虑现场效果，并准确掌握演讲内容和感情。

总之，演讲者应根据演讲的内容，该轻则轻，该重则重，当快则快，当慢则慢，并使人感到音节错落有致，舒服畅快。

第 10 章

大胆开口，当众演讲要有勇气和信心

如何战胜胆怯，增强自信？最好的方法就是演讲。正所谓"窃窃私语谁不会，当众演讲鉴英雄"。生活中，能说话的人很多，但许多人却羞于在公众面前演讲，最终只能活在自己的世界中。不妨大胆开口吧，当众演讲要有勇气和信心。

克服恐惧，大胆表达内心所想

曾经在美国有一个调查，人类的14种恐惧中，排在第一位的恐惧你知道是什么？是当众说话！在一群人面前说话真的有这么恐怖吗？可能你也有这样的经历，学生时代，你活泼开朗，和同学们打成一片，但只要老师让你上讲台朗诵课文，你就面红耳赤，甚至结结巴巴。爱默生曾经也说："恐惧比其他任何事物都更能击败人类。"即便那些演讲大师，也会紧张，只是在不断的努力中，他们克服了恐惧。

在公共场合演讲，必须自信满满，而恐惧是良好表达的天敌，一个人在"不敢说"的前提下是"说不好"的，唯有卸下恐惧的包袱，在语言中注入自信的力量，你才能成为一个敢于表达的人。

从小到大，父母都特别宠爱小鱼，然而，小时候小鱼一直很害羞，家里来了亲戚，她都会躲起来；她一在陌生人面前说话就脸红。后来，为了帮助女儿克服恐惧，父母鼓励小鱼经常在众人面前说话，如参加社区的少儿才艺比赛，上课时要积

极发言。说来也奇怪，过了一段时间后，小鱼好像变得自信多了。而现在的小鱼已经长大成人了，在一家知名的文化单位找到了满意的工作，成为一个特别自信、特别阳光、性格开朗、人缘关系好的女孩。

这里，我们看到了一个害羞的女孩在当众说话的过程中逐渐变得健谈、自信起来。可能有些人会说，我一在众人面前说话就紧张，该怎么克服呢？对此，你可以做到以下几点。

1.坦然面对和接受自己的紧张

你应该想到自己的紧张是正常的，很多人在某种情境下可能比你更紧张。不要与这种不安的情绪对抗，而要体验它、接受它。要训练自己像局外人一样观察你害怕的心理，注意不要陷入进去，不要让这种情绪完全控制住你："如果我感到紧张，那我确实就是紧张，但是我不能因为紧张而无所作为。"此刻你甚至可以选择和你的紧张心理对话，问自己为什么这样紧张，自己所担心的最坏的结果可能是怎样的，这样你就做到了正视并接受这种紧张的情绪，坦然从容地应对，有条不紊地做自己该做的事情。

2.积极暗示，进而淡化心理压力

你不妨以林肯、丘吉尔这些成功的演讲者为榜样，他们的第一次当众演讲都是因紧张而以失败告终的，并在心里做自我暗示：紧张心理的产生是必然的，也是不能避免的，我不该害怕，我只要做到认真说话，就一定能说好。抱着这样的心理，你的紧张情绪会慢慢缓解下来。

3.事先应做好充分准备

准备充分，自然能自信上场。也就是说，在你开口前，你要想好自己到底要表达什么，怎样才能表达好，做好这些准备，就没什么可担心的了。

4."漠视"听众，不必患得患失

法拉第不仅是英国著名的物理学家和化学家，也是著名的演说家。他在演讲方面取得的成功，曾使无数青年演讲者钦佩不已。当人们问及法拉第演讲成功的秘诀时，法拉第说："他们（指听众）一无所知。"

当然，这里，法拉第并没有贬低和愚弄听众的意思。他说的这句话是要告诉我们，建立信心，才能成功表达。

事实上，可能很多人在当众演讲的时候，过多地考虑了听者的感受，害怕听者能听出自己的小失误，其实，你大可不必有这样的想法，因为，在演讲时，谁都可能犯点小错误，没有谁会放在心上。再者，即使讲错了，只要你能随机应变，不动声色地及时调整，听者是听不出来的，何况，即使有人听出来了，也只会暗暗钦佩你的灵活机智，对你会有更高的评价。

任何人，在演讲前，都要克服自己的恐惧，并学会一些消除恐惧的方法，只有这样，你才能渐渐消除表达时的恐惧，成为一个会说话、会表达的人。

自我暗示，增强自信心

有些演讲者面对即将到来的演讲，感觉就像如临大敌，心惊胆战，有着诸多的担心，如在演讲过程中总是设想自己会犯语法错误，或总担心自己讲着讲着会突然地停顿下来，讲不下去了。这就是一种反面的假想，也就是人们常说的"演讲恐惧症"，属于恐惧症的一种，它很可能会抹杀我们对演讲的信心。我们对某一件事情越是过分注重，就越容易焦虑和紧张，行为之上就越放不开手脚，反映在身体之上就是心跳加快、手脚发抖、说话磕巴，大脑空白等，其实，有这些身心表现都是很正常的。面对这种情况发生，可以使用积极自我暗示的方法。暗示对人的心理影响是极大的，它可以增强我们的信心。

德国人力资源开发专家斯普林格在其所著的《激励的神话》一书中写道："人生中重要的事情不是感到惬意，而是感到充沛的活力。""强烈的自我激励是成功的先决条件。"心理学家认为，内控的人认为自己可以掌握一切，外控的人认为自己事事受制于人。如果你不相信自己，不去克服这种恐惧，并且也不愿意去克服，那么谁也无能为力。

当然，要做到自我暗示，保持积极的情绪体验，还需要我们在日常生活中积累自信心。如果你是个自信心不足的人，你可以学习以下几个自我练习的方法。

1.步伐轻快，昂首挺胸

许多心理学家认为，人们行走的姿势、步伐与其心理状态有一定关系。懒散的姿势、缓慢的步伐是情绪低落的表现，是对自己、对工作以及对别人不愉快感受的反映。步伐轻快敏捷，身姿昂首挺胸，会给人带来明朗的心境，会使自卑逃遁，自信滋生。

2.养成大声说话的习惯

在开会发言时，要注意提高你的音量，养成大声说话的习惯。科学的对比实验的解释是，大声说话能解除压抑，提高自信——能调动全部潜能，包括那些受到压抑的潜能，同时在大声说话中你的胆子越来越大，那么你的发言也就挥洒自如了。

3.学会微笑

我们都知道笑能让人自信，它是医治信心不足的良药。如果你真诚地向一个人展颜微笑，他就会对你产生好感，这种好感足以使你充满自信。正如一首诗所说："微笑是疲倦者的休息，是沮丧者的希望，是悲伤者的阳光，是大自然赐予人类的最佳营养。"

4.公共场合挑前面的位子坐

你是否注意到，在各种活动中，后排的座位总是先被坐满。大部分占据后排座的人，都希望自己不会"太显眼"。而他们怕受人注目的原因就是缺乏信心。

坐在前面能建立信心。把它当作一个规则试试看，从现在开始就尽量往前坐。当然，坐前面会比较显眼，但要记住，有关成功的一切都是显眼的。

5.找到放松自己的小窍门

有的人当众讲话，觉得十分痛苦；自我介绍时，会十分紧张。他不敢去接触别人，如果别人稍稍接近他，他就立即躲避起来。像这种人，如何才能克服扭捏呢？可以用假按摩、真放松的方法：大家先围成一圈，然后每个人闭起眼睛，把双手放在前面一人的肩上，慢慢地替他按摩，由肩移至腋下，然后再次由肩按摩起，直到你想象自己的腋下被人搔得想笑，因为想笑而放松了自己，你自然就不会再害羞了。

6.活出自我，找到自信

每个人都应该活出自我，不应该人云亦云，不应该盲目跟风，更不应该唯唯诺诺，尊重自己内心的想法，做自己喜欢的事，你会慢慢变得自信起来。

当然，当你成为一个自信的人后，在演讲时，如果你还有紧张感，你可以这样进行语言暗示："我一定可以做得很好""我一定可以超常发挥"。

的确，一个自信的人常看到事情的光明面，必能尊重自己的价值，同时也能尊重他人的价值。要减轻演讲时紧张感，需要在平时的生活里就培养自信心，如在平时练习休息之余多和自己交谈，不断地强化一种必胜的信心与信念。时间长了，就会发现这种良好的积极心态已成为自己的一种思维习惯。

做好演讲准备，敢于挑战自我

现实生活中，我们发现，在众人面前讲话时，一些人会紧张得不得了："我们研发部门花了半年的心血研究的产品，要是我给介绍砸了就全完了，怎么对得起他们呀。"事实上，他们没有意识到自己紧张的一个关键原因是没有做足准备工作，才导致自信心不足。

卡耐基讲了一件自己目睹的事：

有位官员站在台上准备演讲卡耐基很快发现这位官员在事前并没有做准备，他原本想做即兴演讲，却发现没有什么可谈的。然后他又从自己的口袋里找出一些零散的笔记，但实在太杂乱了，他手忙脚乱地翻来翻去，却找不到有利于演讲的东西。他越来越尴尬，时间就这么过去了，他还是不知道该说什么，反复道歉，不断地去翻那些笔记。再然后，他端起手边的水，颤颤巍巍地凑到嘴边。也许他一辈子都不会忘记那这个尴尬的场景，他完全被恐惧击败了，所有的问题都是因为他没有在演讲前做一点准备。

因为工作的关系，从1912年开始，卡耐基每年都要对5000次以上的演讲做评析，无数演讲案例让卡耐基明白一点，只有准备充分的演讲才能使演讲者产生完全的自信，这就好比上战场打仗，不准备一点儿弹药，怎么有信心击退敌人呢？林肯也曾说："我若是无话可说时，就算年纪一大把经验一大堆，也免不了要为此难为情的。"

同样，如果你也想培养自己的自信，那么，为何不多做点准备、以此给自己增添一些安全感呢？为此，你可以从以下几个方面努力。

1.承认紧张心理的存在并非不正常

可以说，在公众面前说话紧张是再正常不过的心理。我们越想获得演讲成功，越焦虑。此时，克服的方法是让紧张情绪反过来帮你的忙。当你感到紧张，你也可以向听众袒露自己的心态，这样，不但听众会被你的坦诚打动，你的紧张感也会得到排解。如果掩饰自己的感受，只会使气氛更紧张，并且使自己看起来很虚伪。

2.预先整理你的思绪

查尔斯·雷诺·柏朗博士曾在耶鲁大学演讲时说过："深思你的题目，酝酿成熟，漫溢思想的馨香……再把所有这些意念写下，简单得只要能表达清楚概念就可以……把它们写在纸片上……通过这样的整理，零散的片断就容易安排和组织起来。"听起来并不难吧？实际上也真的不难，只需要你做到专注和思考。

3.在朋友面前预讲

杰出的历史学家艾兰·尼文斯对作家也有类似的忠告："找一个对你的题材有兴趣的朋友，详尽地把你的想法讲给他听。这种方式，可以帮你发现你可能遗漏的见解、事先无法预料的争论以及找到最适合讲述这个故事的形式。"

预讲是一种确保你的演说更成功的方法，你可以将你的想法、见解都告诉你的朋友，你可以告诉他你是在预讲，也可以不说，你可以听听他的想法，也许他有更新奇的主意，那样对你的演说就更有价值了。

4.暗示自己，相信自己一定能成功

你可以告诉自己：这场演说很适合我，这完全是我自己的经验之谈，是我自己的看法，我比谁都有资格来谈论这个话题，并且，我一定会全力以赴。虽然这是个古老的方法，但确实很有用。实验心理学家告诉我们，自我启发而产生的动机，即便是假装的，也能起到最快速的刺激作用，更别说那些建立在事实基础上的真实的自我鼓励了。

5.表现出信心十足的样子

美国著名的心理学家威廉·詹姆斯有这样一段论述。"行动似乎紧随于感觉之后，但事实上却是行动与感觉并行。行动

在意志的直接控制之下，通过制约行动，我们也可以间接制约感觉，但感觉是不受意志的直接控制的。""所以，让自己感觉自己勇敢起来，而且表现得好像真的很勇敢，运用一切意志达到这个目标，勇气就很可能会取代恐惧感。"

卡耐基告诉所有的人，一定要记住詹姆斯的劝告，为了培养勇气，面对观众的时候，不妨就表现得好像真的信心十足的样子。当然，前提是你真的做好了准备，不然一切都是徒劳。

开始演说之前，你可以深呼吸30秒，增加的氧气供应可以提神，给你勇气。然后请站直你的身体，看着听众的眼睛，开始信心十足地演讲。你可以设想，台下的每个人都欠你的钱，他们聚集在一起，只不过是排队等着还你的钱，这样想，你的心理压力就会小很多了。

事实上，克服当众说话的恐惧，对于我们每个人在做任何事上都有潜移默化的积极作用。你会发觉，有些事情完全是自己的心理作用，它并没有你想象中那样可怕。

掌握一些放松自我的技巧

很多演讲大师给出建议：对于那些初次登台的演讲者或内心紧张的演讲者来说，要想放松自己，在开始演讲前，最重要的就是要把注意力从自己身上移开，为此，你可以在演讲前做一些放松身心的活动。

的确，演讲中，要想有效地表达自己的意思，首先要学会自我放松，放松了自我才能自如。那怎样才能放松呢？这里，经验丰富者为我们分享了几个有用的方法。

（1）均衡运动，活动一下身体的一些大关节和肌肉。均衡运动是指有意识地让身体某一部分肌肉有规律地紧张和放松。如我们可以先握紧拳头，然后松开；也可以固定脚掌，做压腿，然后放松。做肌力均衡运动的目的在于让你某部分肌肉紧张一段时间，然后你不仅能更好地放松那部分肌肉，而且能更好地放松整个身心。你需要注意的是，做的时候速度要均匀缓慢，动作不需要有一定的格式，只要感到关节放开，肌肉松弛就行了。

（2）深呼吸。采用呼吸调节法可以消除杂念和干扰。当自我感觉十分紧张时，可以有意识控制自己的情绪。

具体做法是，脚撑地，两臂自然下垂，闭合双眼，把注意力集中在呼吸上，静听空气流入、流出时发出的微弱声音。然后，以吸气的方式连续从1数到10，每次吸气时，注意绷紧身体，在头脑中反映出数字，在呼气时说"放松"，并在头脑中再现"放松"这个词，这样连续数下去。注意节奏放慢，让身体尽量松弛，直到感觉到镇静为止。你可以在平时有意识地训练自

己放松，这样，在演讲中出现紧张情绪时，就更容易调控。

（3）闭上眼睛，着意去想象一些恬静美好的景物，如蓝色的海水、金黄色的沙滩、朵朵白云、高山流水等。

（4）收集笑话，建立自己的"开心金库"。

经研究，笑能很快地使神经放松。所以平时可多收集一些笑话，在上台前想一想最好笑的，让自己开心起来。

岑小姐是一名企业培训讲师，她的主要工作内容就是为企业培训人才，为此，她自然免不了要经常在众人面前演讲。对于自己的工作虽然已经十分熟悉，对于那些演说词，可以说，岑小姐已经能背下来了，但是每次演讲前，她还是莫名地紧张。这几年，岑小姐逐渐摸索出了能帮助自己减轻紧张感的方法：平时没事的时候，她会在网上收集一些小笑话，存在自己的手机里，演讲前，她就拿出来看，那些小笑话能让岑小姐开怀大笑，而那些对于演讲的不安也就顿时不存在了。

和故事中的岑小姐相同，一些演讲大师在演讲前也会紧张，只是他们都有属于自己的调节方法，岑小姐使用的就是幽默放松法。

（5）演讲前把注意力从自己身上移开。

在考试时，老师会给出一些建议：对于那些不会做的题目，可以先转移注意力，减少焦虑，回避这些一时解答不了或暂时回忆不起来的问题，当其他问题解答完之后再回过头来

"重新"思考回避的问题。这种做法可以使优势兴奋中心得以转移。

同样，演讲前，你也可以休息片刻或者活动一下四肢、头部，来调节中枢神经系统，从而使抑制状态得到缓解。你也可以积极听取主办人和听众的意见，或是集中精力听别的演讲者说些什么，以便把注意力放在他们身上，避免不必要的登台恐惧感。

你甚至也可以将注意力集中到一些日常物品上。例如，看着一朵花、一点烛光或任何一件柔和美好的东西，细心观察它的细微之处。点燃一些香料，微微吸它散发的芳香。

当然，要想真正消除演讲中的紧张心理，从根本上来说还是要降低对自己的要求。一个人如果十分争强好胜，事事都力求完美，事事都要争先，自然就会经常感觉到时间紧迫，匆匆忙忙。而如果能够认清自己能力和精力有限，放低对于自己的要求，凡事从长远和整体考虑，不过分在乎一时一地的得失，不过分在乎别人对自己的看法和评价，自然就会使心境松弛一些。

以一颗平常心看待演讲

生活中，人们参与演讲，多半都希望达到打动听众、获得

听众认可的目的，而这种目的也恰恰是人们紧张的重要原因。他们在演讲前，就会幻想失败时的沮丧、说错时的尴尬，也有一些人对自己的要求太高，决不允许自己出错，而正是因为这样的心态，导致了他们愈发紧张。其实，只要我们看淡演讲，允许自己丢脸和失败，是能减轻心理负担的。

具体来说，你可以做以下几点心理调整。

1.不要把演讲目标定得太高

强烈的求胜动机必定会导致沉重的心理负担，结果便会引发焦虑情绪，演讲效果也会事与愿违。

实际上，演讲的意义有时候并没有我们想象的那么大，只是在听众面前展示自己的观点而已，如果你把演讲的意义片面夸大，甚至把演讲与个人终生的成就、事业和幸福等紧紧联系在一起，演讲还未来临，就已经惶惶不可终日了。

2.允许丢脸

在中国人的传统观念里，面子是最重要的。当众演讲是一件有面子但也是容易丢面子的事，害怕丢脸，就会给自己带来心理压力。如果你能放下面子，敢于"不要脸"，那便能进入心态自由和无我的状态，也就没什么可担忧的了。我们来看看凤凰卫视名嘴窦文涛的经历。

在观众和同行眼里，窦文涛是个口才极好、能说会道的人，有"铁嘴"之称，但谁知道，小时候的他却是个说话口吃的孩子。

一次，学校组织演讲比赛，老师决定将这个任务交给窦文涛，便把他叫到办公室。

"演讲要怎样讲呢？"窦文涛这样问老师。

"很简单，就像你平时写作文一样，先写好了，然后上台的时候背出来就可以了。"

"那好吧。"窦文涛犹犹豫豫地答应了。

接下来，窦文涛就开始为演讲的事准备了，他先写了稿子，然后开始背，还经常让妈妈来考他，一篇演讲稿是难不倒聪明的窦文涛的，妈妈无论问到哪里，他都能对答如流。

演讲比赛那天，窦文涛兴高采烈地上了演讲台，在登台的那一刻，他有点不知所措，好像场景和家里背诵演讲稿不大一样。在家里，听众只有妈妈，现在是全校师生，他有点慌了。但他还是决定先背诵第一段，接下来是第二段，都挺顺利。但是到第三段，他突然一个字也想不起来了。怎么办？看到台下的人，大家都在交头接耳，窦文涛一紧张，居然尿裤子了。他赶紧跑下台。

第二天窦文涛去上学，觉得挺难为情，好像全校女生都在看他。

老师来找他："窦文涛，昨天你的表现还是不错的，你背诵完了两段，如果全部背完，我觉得是一定可以拿到名次的，

昨天几个校领导也在，他们觉得你是可以参加市里的演讲比赛的。你愿意去吗？"

"去！"没想到他竟答应得很痛快。为什么呢？

在窦文涛的回忆里，他说："当众尿裤子，还有什么比这更丢人的，这都不怕了，还有什么可怕的。从此之后我就有点变化了，反正已经不要脸了，还有什么所谓呢？卸下这个包袱之后，我觉得自己还行，也能经常在这种场合露露脸。"

正如窦文涛所说的，只有放下面子，允许自己丢脸，才能真正放下演讲时的包袱，才能敢说话，进而说得好。

3.允许犯错

即使是学校里经常上讲台的老师，或者是职业的演讲家，也会出错，更何况那些初次登台的人。

因此，你要告诉自己，话讲不好是正常的。演讲中讲错话，不要觉得沮丧。因为我们每个人都有一个成长的过程，当众演讲也是如此，你要允许自己在缺少经验和技能生疏的情况下讲不好，允许自己犯错误，这都是再正常不过的事情了。

4.允许失败

允许失败是非常重要的一点。"一定要成功，绝不能失败"，我们经常听到这句振奋人心的话。但大家想一想，这句话现实吗？

没有绝对的成功和失败，对自己要求过于严格，只会给自己施加压力，影响表现。你要告诉自己，即使失败了也没什么，只是演讲而已。以平常心面对成败，也就能以平常心演讲了。

任何一个演讲者都要学会降低对自己的要求，真正放下自我，才能释放压力，演讲时才能做到轻松自如。

好的形象，让你信心倍增

我们都知道，一个人登上台开口演讲之前最先展示的个人形象。好的形象可以给人留下心情愉快的印象，见了第一面，期盼第二面，或者不反感见第二面。较差的或者不适当的形象则会给别人留下再也不想见的印象。所以，演讲中，我们要注重自己的形象。

对于很多演说者而言，他们在演说前都注重对自己形象的打造。当然，怎样穿出精气神是值得我们去细心体味和研究的问题。

小王与妻子出国后，很快就交到了不少朋友。但他们第一次参加朋友的派对，就出了丑。

那天是圣诞节，他和妻子因为一件小事刚吵过架，心情很不好，这时，电话响起来了。朋友邀请他们参加一个圣诞派对，他与妻子没多想，穿着T恤衫、牛仔裤就出发了，结果在

踏进朋友家时看见大家都穿着得体优雅的小礼服，他们真的有一种找个地方躲起来的冲动。当朋友把这对中国夫妻介绍给自己的朋友时，夫妻两人表现出来的格格不入，更是让这些朋友失望。

事后，小王还专门打电话给这位朋友，为自己当天在派对上的失态而道歉。后来，夫妻两人专门找到一位形象设计师讨教一番，因为在他们的生活圈子中，少不了要经常参加这样的派对。

随后，他们与家人一同前往新加坡，参加侄女的婚礼，回来后，小王对这位形象设计师说："婚礼上，我们受到了很好的礼遇，我觉得在很大程度上，是因为我们穿对了一身衣服，让对方很好地感受到我们真诚、懂礼、有素养的一面，给国外的亲戚、朋友们留下了深刻的印象。"

这则案例中，小王夫妻给外国朋友的印象有如此巨大的反差，就在于他们赴宴时的不同装扮。第一次，他们因为夫妻吵架、心情不好，就穿了一身随意的衣服，为此，他们失态了。而第二次，在经过形象设计师的一番指导后，他们掌握了如何穿着才显得神采奕奕的方法，正如小王说的："婚礼上，我们受到了很好的礼遇，我觉得在很大程度上，是因为我们穿对了一身衣服，让对方很好地感受到我们真诚、懂礼、有素养的一面，给国外的亲戚、朋友们留下了深刻的印象。"

可能很多人认为穿着打扮是一个令人费神的问题，怎样穿着才能穿出品位、穿出神采？其实，这并非难事，我们不妨从以下几个方面努力。

1.并不需要大费周折

在演讲前，如果你有时间，最好细心打扮一下，但如果没时间再去从头到脚换一套盛装，你就要在日常生活中注意自己的着装，以免手忙脚乱。譬如，西装外套如果是上等的高级质料，则只要更换下半身即可。

2.注意配饰的作用

有时候，一件小小的饰品能在我们的服装上起到画龙点睛的效果。当然，演讲时的饰品，不要过多，以免让听众眼花缭乱。

3.让色彩帮助自己变得熠熠生辉

关于色彩，人们有以下一些错误观念。

（1）皮肤白的人穿什么都好看。其实每个人都有自己穿起来好看的颜色，也都有不适合的颜色，与皮肤的黑白没什么关系。

（2）穿黑色显瘦。穿黑色并非一定显瘦，这要看你是属于哪一种色彩类型的人。

（3）艳色是俗气的。色彩本身没有好坏之分，但有选择与搭配的优劣，不和谐的色彩无论艳或不艳都不美。

（4）只有相近的颜色搭配在一起才好看。相近或相似仅仅是一种配色方法，其实还有许多配色原则。

（5）黑白是百搭色。黑白是很极端的颜色，想要在衣服上搭配出漂亮的效果不容易，不要什么都用黑白去凑合。

（6）对比色的搭配是土气的，如红色与绿色的搭配。对比不等于不和谐，如红与绿是否能搭配要看它们分别属于什么色调，还要考虑面积对比等因素。

树立以上理念并以此为穿衣搭配原则，演讲时，我们就能让自己神采奕奕地出场了。

很多时候，演说者的状态如何与自身形象有很大关系，神采奕奕的一身装束，不但能吸引听众眼球，还能帮助我们减轻心理压力。

第 11 章

危机处理，演讲中的意外情况这样应对

演讲者在演讲过程中的危机处理能力，是衡量一个演讲者综合素质的重要标准，更是演讲者演讲成败的重要因素。我们要想取得良好的演讲效果，就应该具有良好的应变和控场能力。

绵里藏针，巧妙应对他人的挑衅

在演讲场合，我们不能否认一些听众是不怀好意的，他们可能是我们的竞争对手，也可能是看不惯我们的人。在我们演讲的过程中，他们总是伺机给我们出难题，甚至会故意挑衅、刁难我们，这很容易使我们处于不利的地位，这个时候，如果我们能让自己的思维展开飞翔的翅膀，运用幽默机智、绵里藏针、柔中寓刚的手段，就能巧妙地粉碎他们的挑衅，让我们从这种矛盾中解脱出来。

伟大作家鲁迅说："用玩笑来应付敌人，自然也是一种好战法，但触着之处，须是对手的致命伤。否则，玩笑终不过是一种单单的玩笑而已。"可见，不动声色、微笑是回击他人挑衅的有效手段之一。

面对个别听众的挑衅，倘若你能包容一点，以微笑回击，那么，你们很可能会冰释前嫌，还会让其他听众感受到你的魅力。当然，要想轻松摆脱听众挑衅的尴尬，我们还要有大肚能容的心胸，我们不可能让每个听众都把我们当朋友、接受我们

的观点，但我们最好掌握一些能击退听众恶意攻击的方法，为此，我们需要做到以下几点。

1.保持警觉，防患于未然，察觉出对方的攻击意味

一个猎手如果只知道带枪，而不知道如何瞄准、等待时机扣扳机，那么，他永远也捕捉不到猎物。同样，演讲者在回击他人恶意挑衅之前，一定先要把对方的话语听明白，以便把握目标，瞄准靶子再放箭。这样才能既不滥杀无辜，也不放过小人。

这种应变对策还贵在我们预先发现对方的攻击倾向，这就要求我们做到机变睿智，能够及时判断出对方下一步所要玩弄的手段，抢先给对方设置拦路板，使对方所要施展的手段失去用武之地。

2.先冷却情绪

当被听众攻击后，难免会生气，而在气头上，你很容易会昏头，走上坏情绪的不归路，因此首要之务，就是为自己的情绪降温。这话说来容易，该怎么做到呢？你可以转移自己的注意力。例如，"这个茶杯是黄色的……他穿的毛衣是黑色的……"，如此数10~12项物体的颜色，之后你会发现自己冷静多了。

3.使用建设性的内心对话

赫尔明指出："许多怒火中烧的人不分青红皂白责备任

何人和事，而使怒气徘徊不去的是你自己的消极思维方式。"既然想法是情绪的主因，那么，面对他人的挑衅，你就应该加强内心的想法，准备一些建设性的念头以备不时之需。例如："我在面对批评时，不会轻易地受伤""不论如何，我都要平静地说，慢慢地说"等。当你能遏制住自己的怒火后，你也就能心平气和地处理问题了。

4.不要说粗话

不管你说的是"傻瓜"还是更粗野的词语，一旦你开口辱骂，就把对方列为了自己的敌人。这会使你更难为对方着想，而互相体谅才是消弭怒气的最佳秘方。

5.把问题再"踢"给对方

当然，你不可能对任何对方所玩弄的花招都防患于未然，当被恶意挑衅后，你可采用反问的应变对策来事后补救。如果对方提出的要求极不合理，你也可以以极苛刻或不切实际的问题要求对方。如此一来，对方不得不收敛起盛气凌人的态度。

总的来说，无论听众如何挑衅，作为演讲者的我们都要保持应有的素质，不要说粗话。公众场合，你的言论难免会成为某些人攻击的对象，此时，冷却情绪，运用绵里藏针的的力量微笑回击，既能击退听众的挑衅，又能使得演讲继续下去。

顺水推舟，巧妙驳回听众的反对意见

我们在公共场合发表演讲，都希望听众能接受我们传达的观点和想法，但结果未必如我们所愿，那么，突然遇到听众的反对意见该怎么办呢？如果不处理好，将使自己陷入尴尬境地，甚至阻碍演讲继续开展。而此时，如果我们能借力打力、顺水推舟，由着别人的意思顺延下去，那么，常常会有"柳暗花明又一村"的效果，巧妙驳回听众的反对意见。

一天，在某著名公司的应聘大厅内，来了一位小伙子，这位小伙子乍看没有什么特别的地方，但却表现出其他应聘者身上没有的自信。

小伙子来到大厅，看到经理已经在收拾东西了。经理只盼着赶紧面试完最后一个人，好快点回家休息。经理瞥了一眼小伙子，便面露难色地说："我们不能雇用你了。因为这里已经有足够多的职员，我们连他们的名字都登记不完。"经理想让小伙子知难而退，却没想到，小伙子气定神闲地说道："既然这样，那我看你们还缺少一人。不如您安排我做这份工作，我来专门为您登记职员的名字。"

经理吃了一惊，想不到这个其貌不扬的小伙子居然能一语惊人。他马上放下正在收拾的东西，认认真真地询问起小伙子的情况来。最后，小伙子凭借着自己风趣的谈吐和自信的风度，成功进入了这家知名企业。

生活就像巧克力，没有人知道下一颗是什么味道。所以，不管是什么味道，我们都要学习坦然接受。就像这个故事里的小伙子一样：被拒绝，没什么大不了的。不要把拒绝看成尴尬，多一点点自信，你就能灵机一动，把对方给你出的难题顺水推舟地还给对方，用幽默的应答让对方对你刮目相看。

同样，演讲中，我们如果遇到了类似的反对意见，也可以运用高度的机智、敏锐的眼光找到解决问题的方法，然后轻松地开个玩笑，有时候，问题便迎刃而解！

当然，要利用顺水推舟的方法制造幽默，从而解除危机和矛盾，还需要我们掌握一些逻辑思维方法。

（1）先发制人。

（2）将错就错，化腐朽为神奇。既然无法正面辩解，那就将错就错，随机应变来阐释有悖于常理的哲学，以此"化腐朽为神奇"。

（3）逻辑推理，扳倒对方。以与自己相关的生活理论做"挡箭牌"，进行逻辑推理，轻松扳倒对方。

总之，在演讲中面对他人的反对意见，我们应听清对方的话，迅速思考，找出其错误，顺水推舟，给予回击，化解危机。

灵巧应对，成功摆脱口误的窘境

相信不少演讲者都有过这样的经历，我们已经做足了演讲的准备，但是在演讲时还是因为各种原因出现了口误，让我们陷入尴尬的境地。此时，该如何是好？

口误，顾名思义，指的就是说了不恰当的话。那么，我们为什么会出现口误呢？原因有很多，如演讲者紧张、态度轻率、知识贫乏等。在具体的演说实践中，只要头脑清醒、观察敏锐、判断正确、处理及时和方法灵活，演说者就可以成功地从口误的窘境中摆脱出来。

发现自己漏讲了某一点、某一段，可以随后补上，不必声张；念错某个字词，或讲错某句话，也可以及时纠正，或在第二次出现时纠正。万一听众发现了你的错误，也不要紧，你不妨将错就错，自圆其说。例如，某同学做演讲时，想用一段诗作为开场白："浓浓的酒，醇醇的。"但他一上台就念成了"酒"'将"浓浓的"漏掉了。他灵机一动，将错就错，干脆将诗改成："酒，浓浓的、醇醇的"听众对他的妙改报以热烈的掌声。

那么，究竟应该怎样补救呢？

1.无须道歉，在听众没反应过来之前直接改正

一旦不小心说错了话，你不必刻意承认错误，也不必道

歉，只需要在听众还没反应过来时将正确的话再说一遍即可，这样，既纠正了自己的错误，又能让演讲继续下去。请看两句演说实录：

"一九七二年八月一日，一九二七年八月一日，是中国人民解放军的建军节。"

"在这次语文、英语统考中，我校考生取得了较好的成绩，两科及格率分别为百分之八十五和百分之九十，分别为百分之九十和百分之八十五。"

这里，第一句话中，演讲者的口误在于说错了时间，而第二句演讲者的口误在于颠倒了数字顺序，但演讲者在认识到自己的口误后，都立即纠正。在一些书面材料中，这些失误会让人啼笑皆非，但是在演说中一般听众不会为此大惊小怪，演说者也就不必紧张。

2.巧妙否定

巧妙否定与上法所不同的是，它不是直来直去的，而往往是通过设问形式巧妙地否定口误。因此，只要运用得当，此法就显得更机智、更有审美价值。

其具体有以下做法。

一种方法是自己提问——自己回答。

例如，某演讲者在讲到"我国四大名著是《水浒传》《西游记》《红楼梦》和《西厢记》"时，会场立即笑声四起，机

灵的演说者马上话锋一转："在上次文化考试中，有份试卷就是这样回答的。对吗？当然不对，我国四大名著是《水浒传》《西游记》《红楼梦》和《三国演义》。"

另外一种方法是由自己提问——听众回答。

例如，在进行某些课程的培训时，可以这样更正自己的口误："同学们，这样讲，合适吗？"这时，听众席上便议论开了，胆大的还纷纷答道："不合适。""不对。"演讲者就可以借机继续讲下去。

类似的例子可举出若干来，仅从这两则就不难看出巧妙否定不失为一种良好的脱身术。

从根本上讲，克服口误的关键就在于不断提高演说者自身的修养，只要我们巧妙应对，是能使得演讲顺利进行的。

演讲中，即便是那些经验丰富的演说大师，也有可能出现口误，而总结和研究口误的补救方法，是演说艺术活动的客观要求。

借事发挥，轻松缓解尴尬

相信不少演讲者都遇到过这样一些窘况，如上台演讲时不小心跌倒了，或听众发笑时才发现自己衣服扣子扣错了，或拉链没拉好，或帽子戴歪了等，遇到这些情形，演讲者多半会感到尴尬。笨拙的化解方法是，演讲者可以跟着听众笑到一块，在笑声中恢复常态。对此听众一般是不会介意你的失误的。高明的化解方法，当然是演讲者能够借事发挥，说几句来补救。

例如，获得奥斯卡最佳女主角奖的雪莉·布丝莱上台领奖时，由于跑得太急，上台阶时绊了一下，差点摔倒。她在致辞时说道："我经历了漫长的艰苦跋涉，才到达这事业的高峰。"这句应变的开场白简直妙不可言。她将上台领奖遇到的挫折与拍电影历经的艰辛巧妙地结合在一起，既揭示了达到事业高峰的真谛，同时又化解了险些摔跤的尴尬，可谓一举两得。

1991年9月19日，对于著名主持人杨澜来说可能是个难忘的日子。这天，她受邀主持第九届大众电视"金鹰奖"颁奖文艺晚会。一切进行顺利，但在报幕退场时，她却因为不小心被台阶绊了一下，当时就摔倒在地，现场一片哗然，然而杨澜一跃而起，笑容可掬地说："真是人有失足、马有失蹄呀，我刚才狮子滚绣球的节目滚得还不够熟练吧？看来这次演出的台阶不那么好下哩，但台上的节目很精彩。不信，瞧他们的。"话音刚落，全场观众为她机敏的反应爆出热烈掌声，有的观众还大声喊："广州欢迎你！"

显然，这一跤，非但没有摔倒杨澜的形象，反而更让广州人民领略了著名主持的可爱。可见，演讲中处境尴尬时，用自

嘲来应对窘境，不仅能很容易找到台阶，甚至会产生幽默的效果。所以自我解嘲，自己先笑起来，是很高明的一种摆脱尴尬的手段。

总之，演讲中，要想摆脱尴尬，我们首先要做到的就是放开心境，拿自己开开涮，而不是黑着一张脸，埋怨他人，或自怨自艾。开自己玩笑，是从平凡的、趣味的、不甚完美的角度来观察自己，让别人有喘一口气的机会，也让自己从遥不可及的宝座上滚落红尘，与众生同声一笑。

演讲中遇到尴尬时，可以通过戏谑来舒缓气氛，创造一种轻松的氛围，尴尬自然荡然无存，此时犹如金苹果落在银盘子中，使你魅力倍增。

采取方法，扭转冷场局面

演讲中，可能很多演讲者都遇到过这样的情况，或许因为你的语言失误，或许因为听者对你所演说的内容不感兴趣，原本活跃的现场气氛一下子冷淡下来，造成演讲的冷场。当然，这一局面出现的根本原因在于演讲者的话没有吸引力。听者仅仅是出于纪律的约束或处世的礼貌而扮演一个"接受者"的角色。对于演讲者而言，冷场无疑是一块"冰块"，会令其窘迫。

那么，演讲者在遇到冷场后，该如何扭转局面呢？我们可以学习掌握以下方法。

1.转换话题

所谓转换话题，指的是演讲者在演讲的过程中，如果遇到冷场或者某些尴尬的话题时，可以通过暂时转换话题的办法重新吸引听众的注意力、调动听众的情绪。这其中就包括穿插一些趣闻逸事。

2.制造悬念，激发听众的兴趣

高明的演讲者都会活跃演讲气氛，他很善于制造悬念。一个好的悬念能起到拯救演讲危机、让自己再度成为听众关注的中心的作用。

在演讲中制造悬念，可以有效地吸引听众的注意力，使演讲内含的信息和情感得以准确传达。如果演讲者能在冷场的情况下，适时地制造一两个悬念，确实是重新吸引听众注意力的非常有效的办法。

3.让听众积极参与到演讲中来

演讲冷场的原因之一，就是演讲者单向地陈述问题，而听众被动地接受信息。那么，如果演讲者在以自己的演讲词和形象的语言来感染听众的同时，让听众积极回应也有利于推动演讲的顺利进行。

因此，要改变这种尴尬局面，可以从此处入手。例如，我们可以向听众提出富有针对性和启发性的问题，可以调动听众参与演讲活动的热情，使他们意识到，自己也是整个演讲的一个重要组成部分，这样会有效地避免冷场和打破冷场。

4.适时地赞美听众

演讲者即兴演说时，如果忽略了听众，自然会冷场。此时，演讲者应当采用恰当的方式，拉近与听众的心理距离。贴近听众的一个有效方法就是发自内心地赞美听众，用合情合理的话语拨动听众的心弦，激起他共鸣，使他重新对演讲产生浓厚的兴趣，从而打破冷场的尴尬局面。

总之，在演讲中，运用沟通技能打破听众的沉默与冷场是演讲者必须掌握的，否则，听众的沉默与冷场不但影响演讲效果，也会打击演讲者与听众沟通的积极性。只要演讲者能做到以上几点，当冷场出现时，及时采取控制手段，就能扭转局面，让演讲顺利进行下去。

镇定应对演讲忘词的窘境

对于很多演讲者尤其是那些初次登台的人来说，忘词是他们经常出现的情况。可能你已经准备得很充分，但却因为紧张、经验不足，在演讲时突然出现大脑空白的现象，甚至有一些人一站上演讲台就忘词。这种情况下，我们该怎么办？

演讲中如果忘了演讲词，演讲者千万别让自己"卡壳"时间太久，而应强行使自己集中思想，争取在两三秒之内回忆起忘掉的演讲词。实在想不起来，可根据原来的意思另换词语，或者干脆另起一行，将下一段内容提上来讲。做这一切的前提是我们要冷静下来，不可因为忘词就紧张、乱了阵脚。

总结起来，我们可以运用以下三种衔接方法。

1.插话衔接法

一旦你忘却演讲词，可以立即插入一两句与演讲内容有关的问话。利用短暂的时间，加速回忆下面要讲的内容。

如讲着讲着忘却了，这时切不可停顿，你应当面向广大听众问一句："同志们，前面这一部分我不知道大家是否听清楚了？"话音落下，你可以扫视全场，而就在扫视的瞬间，完全可能想起下面应当讲的内容了。一旦想起，你就可以说："好，既然大家听清楚了，我就继续讲下去。"

2.重复衔接法

重复衔接法，就是一旦忘词的时候，可把最后这句话再加重语气重复一遍。这样，往往能使断了的思维链条再衔接起来，使演讲顺畅地继续下去。

　　这里，你所重复的内容是刚刚讲过的，所以不存在什么负担，而且能够给你争取足够多的时间来想出你忘记的内容。把之前讲过的要点复述之后，再接着讲下面的内容，这样你就能以平静的心态或者稍微平静的心态继续讲下去。

　　如前段演讲最后一句话是："我懂得爱他们吗?"而后段前句话是："从那以后我变了。"若前段讲完了，而后一段的前句话又忘了，你可以有意地加重语气，重复一遍前段最后的那句话"我懂得爱他们吗"，往往就在重复的那一瞬间，便想起了后段的第一句话"从那以后我变了"。这样，演讲就可以继续下去了。

　　3.跳跃衔接法

　　演讲者常常出现的忘词，并不是把后面的全部忘却了，而仅是把下段的第一句或整段忘记了。这时只好随方就圆，忘词就忘词吧，哪里没忘，就从哪里接着讲下去。这就是跳跃衔接法。用这种方法虽然丢掉了几句话，甚至一个段落，但它总不至于因忘词中断而破坏了演讲的气氛，分散了听众的注意力，影响整个演讲的效果。

　　当然，这里还需要考虑到的是，如果你所忘记的几句话对于整个演讲主题来说比较重要，而你在跳跃衔接后又想起来了，你可以采取在收尾前补充的办法。例如，可以说："这里值得一提的是……"这样就可以把忘掉的重要段落补充进去了。

　　解决演讲忘词的方法还有更多，在忘词的情况下，最重要的还是要有好的心理素质，所以我们平时要多注意锻炼自己，在锻炼中提高自己沉着稳定的心理素质和随机应变的能力。

　　事实上，演讲过程中忘词是一种非常普遍的现象，许多演讲高手也有忘词的现象。忘词时，我们只有稳定自己的情绪，镇定下来，才能在轻松的氛围中摆脱窘境。

第 12 章

解析公共场合演讲技巧

我们常说，演讲无处不在，生活中处处充满着演讲的影子，如开幕式、闭幕式、竞聘、参加典礼、参加生日会、出席酒席等。场合不同，演讲的技巧也会有所区别。

如何讲好开幕词

开幕致辞就是指会议开始时的开幕讲话。具体地说，就是指由组织召开会议的机关的主要领导在会议开幕时，向与会人员发表的讲话。开幕词是整个会议的序曲，推进和左右会议的进程。

1.致辞内容

开幕致辞主要包括以下几点内容。

（1）开头：开头部分包括对与会者的称呼，宣布会议开幕，介绍参加会议人员，并交代会议的筹备情况。

（2）主体：说明会议召开的时代背景、历史环境；交代会议的议题和议程；提出与会议相关的要求；阐述会议的指导思想，提出以后的方针、路线和任务。主体部分篇幅较长，容量大，需要整体考虑，统筹安排。

（3）结尾：向与会者发出号召，提出新的希望和要求，并祝愿大会成功召开。

2.表达技巧

开幕致辞往往定下了整个会议、活动的基调，所以，在

语言表达时要根据会议主题营造与之相适应的气氛。语言力求简洁明快，亲切热情。

掌握获奖致辞的要领

当我们在工作、学习或者研究等领域获得了一定的成果后，会得到他人、上级或者社会的肯定，而肯定我们的一个重要方式就是奖励。在这样的情况下，为了回馈他人的肯定，我们需要做一个获奖致辞，对此，不少人感到头疼，不知如何开口。为此，我们有必要掌握获奖致辞的要领。

（1）开场。

①问好。

②名字。

③感谢。

（2）主体。

①归功——今天的成绩是大家支持的结果。

②经历——过去不平凡、感动、难忘的经历回顾。

③感言——发表三点感言。

（3）结尾。

①奉献——继续努力，做出更多奉献。

②感谢——最后感谢大家支持。

在获奖致辞会上，我们要将功劳归于大家，而不应独揽，只有这样，才能让大家看到我们谦逊的态度，也才能获得大家更多的支持，我们也才会获得更大的进步。

出席酒会时如何致辞

有些人会经常出席一些酒会，而酒会中的"酒文化"是一个既古老又新鲜的话题。的确，酒作为一种交际媒介，在迎宾送客、朋友聚会、彼此沟通中发挥了独到的作用。所以，我们要懂得酒桌上的演讲奥妙。

1.主题明确，把握大局

一般来说，酒会都有一个明确的主题，而不是单纯地为了喝酒而喝酒。我们在出席酒会的时候，应该注意酒席上各位的神态表情，要分清主次，弄清楚喝酒的目的。不能光喝酒而失去了结交朋友的机会。

2.一起同乐，切忌私语

大多数酒会来宾都比较多，而你在交谈时尽量多谈论一些多数人能够参与的话题，得到多数人的赞同。不能因为个人的兴趣爱好，就选择一些太偏的话题，太偏的话题会造成唯我独尊，

甚至跑题的现象，而忽略了众人。特别是不要与身边的人交头接耳，小声私语，让人觉得你神秘兮兮的，影响喝酒的效果。

3.语言得当，幽默诙谐

酒桌上的谈吐，往往能够显示出你的才华、学识、修养和交际风度。有时候，你一句幽默诙谐的语言，就会给在场的听众留下极为深刻的印象，使人对你产生好感。因此，作为演讲者，在酒桌上更应该知道什么时候该说什么话，语言得当，适当的诙谐幽默会为你提高不少人气。

4.劝酒适当，不要强求

在酒会上经常会遇到劝酒的情况，"以酒论英雄"，这对于酒量大的人还可以，酒量小的人可就犯难了。很多人总是喜欢把酒会当战场，想方设法劝别人多喝几杯，认为别人喝不到量就显得没有诚意。其实很多时候，你过分地劝酒，会将原来的朋友感情完全破坏。所以，在酒会上，劝酒要适度，切莫强求。

5.敬酒要有顺序

在酒会上，敬酒也是一门学问。一般情况下敬酒应该是以年龄大小、职位高低、宾主身份为顺序，你在敬酒之前一定要充分考虑好敬酒的顺序，分明主次。即便是在酒会上碰到不熟悉的人，也要通过旁边的人打听一些对方的身份信息或者留意别人是如何称呼他的，这样可以避免出现尴尬的场面或者伤害对方的感情。

6.锋芒渐射，稳坐泰山

参加酒会要看清场合，正确认识自己的实力，不能太冲动，尽量保留一些酒力和说话的分寸。既不能让别人小看自己又不要过分地表露自己，需要选择合适的机会，逐渐释放自己的锋芒，这样才能稳坐泰山。

如何做好竞聘演讲

竞聘演讲即是为求得自己所想的岗位，重点突出自身的优势，以引起评选者对自己的认同并希望最终竞聘成功的演说。

1.竞聘演讲的特点

与一般的即兴演讲相比，竞聘演讲具有以下一些特点。

（1）目标的明确性

竞聘演讲区别于其他演讲的主要特征是目标明确。一方面，演讲者上台后就要鲜明地亮出自己所要竞聘的目标岗位，同时所组织的材料应该与此岗位相关。另一方面，其所选用的一切材料和运用的一切手法也都是为了一个目标，那就是使自己竞聘成功。

（2）内容的竞争性

竞聘演讲与其他演讲不同，它需要演讲者说服评选者在

候选人之间选择自己，演讲者如果谦虚、不好意思说自己的长处，表示自己也是一般般，就不能战胜对手。因此演讲者必须"八仙过海，各显其能"。有时，甚至还要把本来是"劣势"的东西换一个角度讲成"优势"。

（3）主题的集中性

所谓主题的集中性，是指所表达的意思单一，重点突出。这就是说，在表达意思时，必须突出一个重点，围绕一个中心，而不要搞多重点、多中心，不能企图在一场演讲中解决和说明很多问题。一次校长竞聘演讲会上，一位竞聘人先详细介绍了自己大半生的经历，罗列了与岗位目标关系不大的诸多事项。在谈及措施时，又从学生学习、体育、德育谈到校办工厂，从教学谈到教工生活，其措施几乎是"全方位"的。其结果是"无中心"，令人反感。另一位竞聘人，就主要围绕教学这一学校的中心问题，来谈自己的竞聘目标和措施，获得了广大教师的认可。

（4）思路清晰

思路，就是演讲者的思维脉络。演讲者必须思路清晰，明白自己先讲什么后讲什么，而不是想到哪说到哪，毫无章法。

2.竞聘演讲内容

那么在参加竞聘演讲的时候，需要准备哪些内容呢？除了题目和称呼，一般要包括以下内容。

（1）介绍自己应聘的基本条件

所谓基本条件就是政治素质、业务能力和工作态度等。并简要说明为什么要应聘、凭什么应聘的问题。竞聘者在介绍自己的情况时，一定要有针对性，即针对竞选的岗位来介绍自己的学历、经历、政治素质、业务能力、已有的政绩等。

（2）摆出自己优于他人的竞选条件

竞聘者在介绍自己应聘的基本条件时，要尽可能地展示自己的长处，使自己在候选人中脱颖而出。但也不是对自身的不足之处闭口不言。

（3）表明自己任职后的打算

评选者更关心的还是竞聘者任职后的打算。因此，竞聘者在竞聘演讲时，一定要用简明扼要的语言亮明自己的观点，也就是说，要紧紧围绕着评选者关心的热点、难点问题，提出明确的工作目标和切实可行的措施。

（4）结尾

好的结束语能加深评选者对竞聘者的良好印象，有利于竞选成功。竞聘演讲常见的结尾方法有以下几种。

①表明对竞选成败的态度。这种方法能使评选者感受到竞聘者的坦诚。例如，"作为这次竞选上岗的积极参与者，我希望在竞争中获得成功。但是，如果失败了我也不气馁。不管最后结果如何，我都将'堂堂正正做人，兢兢业业做事'。"

②表达自己对竞选上岗的信心。例如，"我今天的演讲虽然是毛遂自荐，但却不是自卖自夸，我只是想向各位领导展示一个真实的我。我相信，凭着我的政治素质，我的爱岗敬业、脚踏实地的精神，我的管理经验，我一定能把副厂长的工作做好。如果各位有疑虑，那就请给我一个机会，我绝不会让大家失望。"

③希望得到评选者的支持。例如，"各位领导、各位评委，请相信我，投我一票！我将成为一位合格的……"

如何做好就职演讲

我们都知道，任何演讲的目的都在于打动听众，获得听众的认可。对于就职演讲来说，我们更要达到这一目的，在就职演讲中，我们只有在语言中展现自己的实力，才有说服性，才能获得听众的认可，听众才会在以后的工作中支持我们。

来看下面这篇就职演讲：

××公司所有在座的领导和同事们：

大家下午好！非常感谢大家能暂停手上的工作来听我这个就职演讲，更感谢大家能选我做公司的CEO，我深知这个位置的分量，因为它承载着全公司上下1000多人的重托。

能成为公司的CEO，我感到无上光荣。

从刚开始来这家公司，到现在已经10年了，我一直热爱这份工作，它不仅给了我生活的物质来源，还给了我实现价值的机会，这10年里，我也不断地成长。

在感到光荣的同时，我更感到一种压力。对我来说，今天是一个新的起点，我担负着更重的责任，现在的我就像一个学生，我要学习如何把公司做大做强；或者说像写一篇文章，如何把这篇文章写得更好；或者说像一个接力赛选手，如何把这一棒跑得更快，这是对我的一种检阅、一种审视、一种挑战。我将在今后的工作中，恪尽职守，踏踏实实，勤奋工作，用全部精力以求不辱使命。我想，只有这样，才能回报大家对我的信任和厚爱。

接下来，我想谈谈我对本公司未来一年的发展规划……

我知道自己知识储备不足，能力更是有限，但是同样也坚信，只要我能努力学习，尽我所能，就能和各位同人一起把公司做大做强。

我相信，我们一起努力，我们的奋斗目标就可以实现，也一定能够实现。我渴望在我交卷或者交棒的那一天，得到的掌声比现在更多、更热烈。因为，你们的肯定就是对我最大的褒奖。

最后，我要说的是：我将铭记今天，我将忠实履行诺言。

谢谢大家！

在这一演讲中，我们看到了这位即将上任的CEO是如何展现自己的实力和信心的，想必在座的听众也会被他折服。

这里，我们同样可以将就职演讲划分为以下几个部分。

1.标题

就职演讲的标题有三类。

一类是文种标题，即只标"就职演讲稿"；一类是公文标题，由就任职务和文种构成，如《关于就任××乡乡长的演讲》；还有一类是文章标题，可用单行标题，如《当市长，就要向人民负责》，也可用正副标题，如《官居八品　责尽十分——与乡镇全体干部初次见面时的讲话》。

2.称谓

称谓指对现场听众的称呼。这要根据听众的不同身份而定，力求恰当、得体。如"各位领导，同志们"等。

3.正文

（1）开头。就职演讲的开头，一般都要表达任职者的心情和对听众的谢意。

（2）主体。这是全文的主要内容。应当着重谈就职者的工作目标、打算和措施，以获取听众的信任和支持。

（3）结尾。就职演讲的结尾，一般都要发出号召，展望前景，给听众以激励和鼓舞。上面案例中，就职者在演讲的结尾热情洋溢地说："我相信，我们一起努力，我们的奋斗目标就可以实现，也一定能够实现。"这样的结尾，充满了强烈的凝聚力和感召力。

另外，就职演讲时，我们还需要考虑到一些现场因素。

1.时间

就职演讲都是在某一特定的时间背景下进行的，通常来说，是在确定获得某一职位后的某一时间，因此，在演讲中，我们可以强调出这一时间，这样，不仅能带动现场的气氛，还能激发听众的共鸣。

例如，有个就职演讲的开场白是这样的："今天，是我最难忘的日子，最荣幸的日子，也是最激动的日子。在此，让我向各位人大代表表示衷心的感谢！向在座的各位领导、同志们和所有的父老乡亲表示崇高的敬意！"这样开篇，恳切自然，给听众以良好的印象和感受。

2.地点

一般来说，就职者发表演讲的地点，也就是他开始新的工作的地方。因此，撰稿时突出地方特点，有助于就职者表达真情实感。

3.听众

在就职演讲中，最重要的莫过于听众的反应，你的演讲是否起到了效果，能直接从听众的反应看出来。为此，在就职演讲中，我们必须注重听众的身份特点和思想倾向，通过语言照

应，以增强现场交流感。

对于听众来说，他们希望看到的是演讲者有能力胜任即将担任的工作，为此，在演讲中，突出展现演讲者的能力和信心就显得尤为重要。

如何做好工作汇报

身处职场，我们免不了要与领导打交道，其中一个重要的沟通方式就是做工作汇报，而这也是演讲的重要形式之一。我们都知道，几乎所有的领导都希望了解下属的工作状态，而不希望他们跳出自己的视线之外。另外，向领导做工作汇报，也有利于得到领导的指正，帮助我们学习和掌握更多的专业知识。

小何毕业后就在一家外贸公司工作，如今的她已经是这家公司的部门经理了，她之所以升职如此快，是因为她一直很懂得与上司沟通工作，而最近，由于事情多、很忙，她忘记了安排每月一次的工作报告会。

有一天，她在开会时批评下属说："你们现在好像一天都很忙啊，都不汇报工作了。"可是，会后，她听见员工说："何总光会说我们，她自己好像也有十天半个月没有去参加总公司的会议了。"这话倒提醒了小何，她想，这段时间，工作是很忙，但是也没有忙到没有时间去向上司汇报工作情况的程度，怪不得总经理这些天好像都对自己有意见似的。即使再忙，公司的工作报告会还是应该准时参加的。

想到这里，小何立即安排秘书为自己做工作详细记录，第二天她在工作报告会上总结了上半个月的工作状况，也提出了下半月对提高公司业绩的具体执行方案。

会后，上司对她流露出微笑："有进步啊！"小何也报以微笑。

从案例中我们发现，对于职场人士来说，主动汇报工作很重要。

那么，我们在做工作汇报的时候，该注意些什么呢？

1.表达认同和服从，不可越权

历史中，上下级之间都是有一定界限的，那些冲撞上级的人往往会付出代价。现代职场，这一界限也是存在的，在汇报工作的时候，这一界限更是我们应该注意的。也就是说，汇报工作，我们要尽量把焦点放在"汇报"上，而不能越权，更不能说越位话。

2.有重点，不可眉毛胡子一把抓

给领导汇报工作，有时是汇报一件事，有时是几件事一起做汇报，但无论汇报什么，你都应该把握重点，而不能眉毛胡子一把抓，更不可重复啰唆。领导的时间是宝贵的，你只有有

重点、有条理地汇报，才能为领导节约时间，才能体现你干练的工作风格。

3.条理分明，分点汇报

将汇报分或一二三四点，能让领导清晰地领悟你汇报的内容。

4.多提解决问题的办法，而不是只提出问题

汇报工作最重要的是提出解决问题的方案而不是简单地提出问题。要记住，汇报问题的实质是求得领导对你的方案的批准，而不是问你的领导如何解决这个问题，若事事领导拿主意，要下属还有什么意义呢。我们去找领导汇报工作时要预备多套方案，并将它们的利弊了然于胸，必要时向领导阐述明白，并提出自己的主张，然后争取领导批准我们的主张，这是汇报工作的最标准版本。假如你总是这样汇报工作，相信你离晋升已经不遥远了。

5.关键处多征求意见

聪明的职场人士善于在做工作汇报时的关键处征求领导的意见和看法，将领导的意志融入正专注的事情中。关键处多征求意见是职场工作报告中争取领导支持的好办法。那么，何为关键处？即"关键事情""关键地方""关键时刻""关键原因""关键方式"。

在了解了以上汇报工作的方法后，我们便大致能抓住领导

的心理，从而让领导从心里满意我们的表现。

任何一个在职场深受领导赏识和喜爱的下属必定是善于汇报工作的，为此，我们要想赢得领导的信任，就必须掌握领导的心理，学会巧妙汇报工作，把句句话说到领导心坎上，令领导满意我们的表现。

参考文献

[1]雅瑟.演讲与口才[M].北京：企业管理出版社，2010.

[2]汪启明.演讲口才[M].成都：巴蜀书社，2013.

[3]臧宝飞.演讲与口才[M].北京：中国国际广播出版社，2018.

[4]庞安.演讲口才技巧与实例[M].北京：中国纺织出版社，2017.